기도하는 아이들 ❷

기도하는 아이들 - 2권

지은이 | 한국 기도하는 엄마들(MIP KOREA)
초판발행 | 2017. 9. 25
3쇄 | 2024. 11. 29
등록번호 | 제1988-000080호
등록된 곳 | 서울특별시 용산구 서빙고로65길 38
발행처 | 사단법인 두란노서원
영업부 | 2078-3333   fax | 080-749-3705
출판부 | 2078-3331

책 값은 뒤표지에 있습니다.
ISBN 978-89-531-2974-0 04230
     978-89-531-2807-1 04230(세트)

＊독자의 의견을 기다립니다.
tpress@duranno.com   http://www.Duranno.com

두란노서원은 바울 사도가 3차 전도여행 때 에베소에서 성령 받은 제자들을 따로 세워 하나님의 말씀으로 양육하던 장소입니다. 사도행전 19장 8~20절의 정신에 따라 첫째 목회자를 돕는 사역과 평신도를 훈련시키는 사역, 둘째 세계선교(TIM)와 문서선교(단행본·잡지)사역, 셋째 예수 문화 및 경배와 찬양 사역, 그리고 가정·상담 사역 등을 감당하고 있습니다. 1980년 12월 22일에 창립된 두란노서원은 주님 오실 때까지 이 사역들을 계속할 것입니다.

Children In Prayer

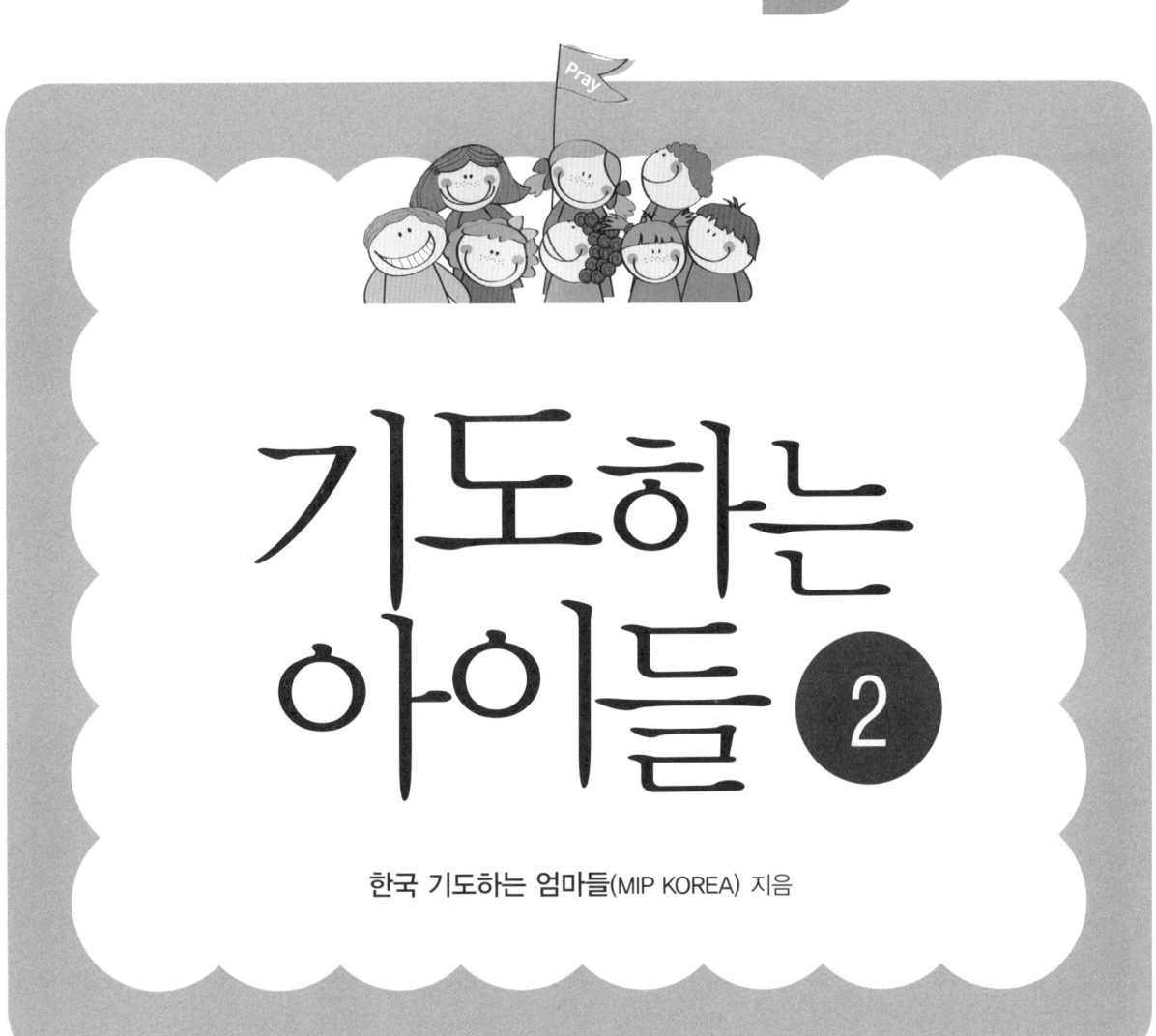

기도하는 아이들 ②

한국 기도하는 엄마들(MIP KOREA) 지음

두란노

Moms In Prayer(기도하는 엄마들)은 전 세계 145개국 엄마들이 동참하고 있는 국제적인 기도운동 단체이다. 1984년 펀 니콜스(Fern Nicols)라는 캐나다의 한 평범한 엄마로부터 시작되어 현재 미국에 국제 본부가 있다.

한국 기도하는 엄마들(MIP KOREA)은 1998년 한국에 소개된 이후 지금까지 전국 곳곳에 기도하는 엄마들을 일으키고 있으며, 단순히 자기 자녀와 학교를 위해 기도하는 것을 넘어 한국교회와 다음세대까지 그 지경을 넓혀 중보자들을 세우고 있다.

기도하는 엄마들의 목적은 엄마들이 모여 함께 자녀들을 위해 기도함으로 그들을 몸소 지키며, 자녀들의 학교가 성경적 가치와 높은 도덕적 기준으로 지도할 수 있게 중보 하는 것이다. MIP 기도의 특징은 말씀을 묵상하고 말씀에 근거하여 대화식으로 드리는 합심기도다.

Arise & Cry Out, MOMS!

"초저녁에 **일어나 부르짖을지어다.**
네 마음을 주의 얼굴 앞에 물 쏟듯 할지어다.
각 길 어귀에서 주려 기진한
네 어린 자녀들의 생명을 위하여
주를 향하여 손을 들지어다." (예레미야애가 2:19)

한국 기도하는 엄마들 홈페이지 www.mip.or.kr

목 차

인사말	6
CIP 주제가	7
비전선언문 및 핵심 성경구절	8
강의안	9
사랑의 하나님	14
용서하시는 하나님	18
인도자 되시는 하나님	22
능력의 하나님	26
chapter 1 신실하신 하나님	30
chapter 2 평강의 하나님	34
chapter 3 엘 샤다이: 전능하신 하나님	38
chapter 4 여호와 사바오트: 만군의 여호와 하나님	42
chapter 5 하쉠: 모든 이름 위에 뛰어나신 하나님	46
chapter 6 여호와 치케누: 우리의 의가 되시는 하나님	50
chapter 7 멜렉: 왕이신 하나님	54
chapter 8 영원하신 하나님	58
chapter 9 위엄의 하나님	62
chapter 10 승리의 하나님	66
chapter 11 싸우시는 하나님	70
chapter 12 구속자 되시는 하나님	74
chapter 13 여호와 메카디쉬켐: 거룩하게 하시는 하나님	78
chapter 14 여호와: 스스로 존재하시는 하나님	82
chapter 15 여호와 추리: 반석이신 하나님	86
chapter 16 선하신 하나님	90
chapter 17 의뢰할 분이신 하나님	94
chapter 18 기쁨 되시는 하나님	98
chapter 19 기적을 행하시는 하나님	102
chapter 20 빛 되시는 하나님	106
chapter 21 아버지 하나님	110
chapter 22 친구 되시는 하나님	114
chapter 23 지도하시는 하나님	118
chapter 24 들으시는 하나님	122
복음전도문	126

인사말

주여! 기도하는 아이들을 일으키소서!

어린아이들이 힘껏 찬양하며, 말씀 들으며, 두 손 모아 기도하는 모습을 보는 것은 우리 모두의 기쁨이요 소망입니다. 하지만 때때로 우리도 모르게 "이 어린 아이들이 찬양을 하면 얼마나, 기도를 하면 얼마나 하겠나" 하며 평가절하할 때가 있는 것 같습니다. 세상과 같은 보편적 시각으로 아이들을 어리다 무시하는 것입니다.

우리가 보기에는 한낱 연약한 어린아이에 불과한 이들이 얼마나 대단한 중보자인지를 시편 8편 2절은 말씀하고 있습니다.

"주의 대적으로 말미암아 어린 아이들과 젖먹이들의 입으로 권능을 세우심이여 이는 원수들과 보복자들을 잠잠하게 하려 하심이니이다"

이는 주께서 어린 아이들과 젖먹이들의 입에 권능을 주사 이들로 말미암아 대적과 원수들을 잠잠하게 하신다는 것입니다.

사탄이 다음세대와 이 땅의 학교들을 삼키려고 우는 사자같이 달려드는 이때에, 말씀으로 무장한 아이들이 하나님을 찬양하며 함께 기도한다면, 약속하신 대로 대적과 원수들을 잠잠케 하시는 하나님의 역사를 보게 되리라 확신합니다.

말씀 기도 훈련인 CIP(Children In Prayer)를 통해 복음으로 무장한 다음세대가 이 땅 가운데 불같이 일어나기를 기대하며, 이 일을 위해 이 책이 널리 쓰임 받게 되기를 간절히 기도합니다.

한국 기도하는 엄마들 대표
황숙영 사모 (부산 수영로교회)

CIP 주제가

기도하는 아이들

비전선언문 및 핵심 성경구절

비전선언문

> 우리의 비전은
> 말씀과 기도로 무장한
> 강력한 복음의 용사가 되는 것이다

핵심 성경구절

> 주의 대적으로 말미암아
> 어린 아이들과 젖먹이들의 입으로 권능을 세우심이여
> 이는 원수들과 보복자들을 잠잠하게 하려 하심이니이다
>
> 시편 8편 2절

강의안

CIP 기도는?

> 말씀기도
> +
> 4단계 대화식 합심(=짝)기도

CIP 4단계는?

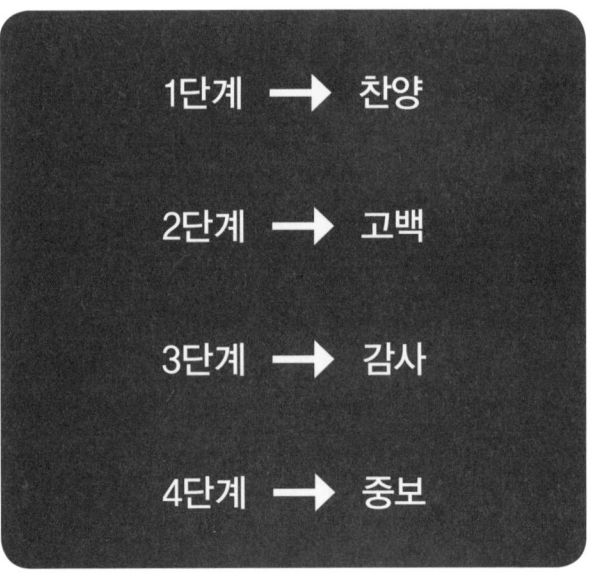

1단계 → 찬양

2단계 → 고백

3단계 → 감사

4단계 → 중보

1단계 : 찬양

• 찬양 방법
1) 말씀 안에서 하나님이 어떤 분이신지 찾는다.
2) "하나님은 _____ 분이시다"라고 쓴다.
3) "_____ 이신 하나님을 찬양합니다!"라고 선포한다.

• 말씀 찬양 : 말씀으로 찬양하기

이사야 14:24
만군의 여호와께서 맹세하여 이르시되 / 내가 생각한 것이 반드시 되며 / 내가 경영한 것을 반드시 이루리라.
아멘!

→
- 만군의 여호와 하나님을 찬양합니다. 아멘!
- 생각하신 것을 반드시 되게 하시는 하나님을 찬양합니다. 아멘!
- 경영하시는 것을 반드시 이루시는 하나님을 찬양합니다. 아멘!

신명기 32:10
여호와께서 그를 황무지에서, 짐승이 부르짖는 광야에서 만나시고 / 호위하시며 보호하시며 / 자기의 눈동자 같이 지키셨도다.
아멘!

→
- 우리를 황무지에서, 짐승이 부르짖는 광야에서 만나 주시는 하나님을 찬양합니다. 아멘!
- 우리를 호위하시며 보호해 주시는 하나님을 찬양합니다. 아멘!
- 우리를 자기 눈동자같이 지키시는 하나님을 찬양합니다. 아멘!

로마서 8:34
누가 정죄하리요 죽으실 뿐 아니라 다시 살아나신 이는 그리스도 예수시니 / 그는 하나님 우편에 계신 자요 / 우리를 위하여 간구하시는 자시니라.
아멘!

→
- 죽으셨다가 다시 살아나신 그리스도 예수님을 찬양합니다. 아멘!
- 하나님 우편에 계신 예수님을 찬양합니다. 아멘!
- 우리를 위하여 간구하시는 예수님을 찬양합니다. 아멘!

2단계 : 고백

- CIP 기도에서는 조용히 침묵하는 가운데 나의 죄를 고백한다.

3단계 : 감사

- 하나님께서 이미 기도에 응답하신 것들에 대해 감사기도한다.
- CIP 감사기도는 기도 짝이 기도하는 내용을 잘 듣고 동의 기도를 한다.

> 예) 지오를 위한 감사기도
>
> 지오 : 하나님! 저를 아프지 않고 **건강하게** 해주셔서 감사합니다. 아멘!
> 한이 : 지오를 항상 안전하고 **건강하게** 지켜 주셔서 감사합니다. 아멘!
>
> 지오 : 함께 예배하고 찬양하는 좋은 **친구를 주셔서** 감사합니다. 아멘!
> 한이 : 지오에게 함께 하나님께 나아가는 믿음의 **친구를 주셔서** 감사합니다. 아멘!

4단계 : 중보

- **중보기도**

  : 다른 사람을 위해 하나님께 기도하는 것으로, 최고의 중보기도는 영혼 구원을 위한 기도이다.

- **말씀으로 기도하기**

  : 성경 말씀 안에 자신과 다른 사람(짝/친구)의 이름을 넣고 기도한다. → **성구기도**

1. 성구기도 (○○ : 내 이름/친구 이름)

   > 여호와여 ○○의 죄와 허물을 기억하지 마시고 주의 인자하심을 따라 ○○를 기억하시되 주의 선하심으로 하옵소서. 여호와는 선하시고 정직하시니 그러므로 그의 도로 ○○를 교훈하옵소서(시편 25:7-8) 아멘!

2. 구체적인 기도 (○○ : 나/친구를 위한 구체적인 기도), 이때 짝의 기도에 동의기도한다.

   > 예)
   >
   > **나(한이) :** 하나님! 저에게 의지력을 주셔서 **줄넘기를** 매일 할 수 있게 해주세요. 아멘!
   > **친구 :** 한이가 꾸준히 **줄넘기를** 해서 키도 자라고 몸도 튼튼해지게 해주세요. 아멘!
   >
   > **나(한이) :** 방학 동안 부족한 공부를 잘 보충하도록 저에게 **지혜를 주세요.** 아멘!
   > **친구 :** 한이가 부족했던 공부를 열심히 할 수 있게 **지혜를 주세요.** 아멘!
   >
   > **나(한이) :** 하나님! 매일 하는 큐티를 통해 아침부터 밤까지 **말씀대로 살 수 있게** 해주세요. 아멘!
   > **친구 :** 큐티로 하루를 시작하고 그 **말씀대로 행하는** 한이가 되게 해주세요. 아멘!

3. 학교 선생님을 위한 성구기도(예수님을 믿지 않는 선생님/믿는 선생님)

4. 나의 가정과 학교, 교회(교회학교와 부서)와 나라를 위해 기도합니다.

Children In Prayer

사랑의 하나님

찬양(8분)

이제 사랑의 하나님을 선포하고 찬양하겠습니다.

| 함께 해요 | 우리의 아버지 되시는 하나님께서는 죄에 빠진 우리를 포기하지 않고, 용서하며 기다리시는 분이십니다. 때로 하나님께서 하시는 꾸지람은 우리가 잘못된 길로 가지 않기를 바라시는 사랑의 회초리임을 기억합시다. 우리를 먼저 사랑하신 하나님께서 죽음으로까지 그 사랑을 보여 주셨는데, 그것은 바로 예수님이 우리를 위하여 십자가에서 죽으신 사랑입니다. 사랑의 하나님에 관한 말씀을 읽어 봅시다.

- 요한복음 3:16 하나님이 세상을 이처럼 사랑하사 독생자를 주셨으니 이는 그를 믿는 자마다 멸망하지 않고 영생을 얻게 하려 하심이라

- 요한일서 4:10 사랑은 여기 있으니 우리가 하나님을 사랑한 것이 아니요 하나님이 우리를 사랑하사 우리 죄를 속하기 위하여 화목 제물로 그 아들을 보내셨음이라

- 요한일서 4:16 하나님이 우리를 사랑하시는 사랑을 우리가 알고 믿었노니 하나님은 사랑이시라 사랑 안에 거하는 자는 하나님 안에 거하고 하나님도 그의 안에 거하시느니라

고백(2-3분)
내가 죄를 품고 있으면 하나님은 나의 기도를 듣지 않으세요. 이 시간은 조용히 나의 죄를 고백하는 기도를 하겠습니다.

만일 내가 죄를 고백하면 하나님께서는 신실하시고 의로우심으로 내 죄를 용서하시고 깨끗하게 하신다고 말씀하셨습니다. 이 말씀대로 나의 죄가 예수님의 보혈로 깨끗하게 씻겼음을 믿습니다. 성령님, 이제 나를 온전히 다스리시고 성령으로 충만하게 해주세요. 또한 구하는 자에게 성령 충만을 주신다는 것을 믿고 감사드립니다.

감사(5분)
이 시간은 하나님이 기도 응답을 해주신 것에 대하여 감사기도 드리겠습니다.

나 _____를 위한 감사	친구 _____를 위한 감사

중보(10분)

이 시간은 다른 사람들(가족, 친구, 선생님, 교회, 학교, 나라)을 위해 기도하겠습니다.

1. 성구기도

성구기도는 성경 말씀으로 하는 기도입니다. 성경 말씀에 이름을 넣어 기도해 봅시다. 먼저 나의 이름을 넣어 선포한 다음, 친구의 이름을 넣어 선포하겠습니다.

"능히 모든 성도와 함께 지식에 넘치는 그리스도의 사랑을 알고 그 너비와 길이와 높이와 깊이가 어떠함을 깨달아 하나님의 모든 충만하신 것으로 _____ 에게 충만하게 하시기를 구하노라"(에베소서 3:18-19)

2. 구체적인 기도

나 _____를 위한 구체적인 기도 제목	친구 _____를 위한 구체적인 기도 제목

3. 학교 선생님을 위한 성구기도

예수님을 믿지 않는 학교 선생님을 위한 기도

_____ 선생님의 눈을 열어 주셔서 어두움에서 빛으로, 사탄의 권세에서 하나님께로 돌아오게 하시고, 죄사함과 예수를 믿어 거룩하게 된 무리 가운데서 기업을 얻게 하옵소서. (사도행전 26:18)

예수님을 믿는 학교 선생님을 위한 기도

우리 주 예수 그리스도의 하나님, 영광의 아버지께서 지혜와 계시의 영을 _____ 선생님에게 주셔서 하나님을 더 깊이 알게 하시고 _____ 선생님의 마음의 눈을 밝히셔서 교사로 부르심의 소망이 무엇인지 알게 하여 주시옵소서. (에베소서 1:17-18)

가정을 위한 중보기도	학교를 위한 중보기도	교회(교회학교와 부서)와 나라를 위한 중보기도

마무리

오늘도 사랑의 하나님을 더 깊이 알아 갈 수 있도록
우리의 기도를 이끌어 주신 하나님께 감사와 찬양과 영광을 올려 드리며
예수님의 이름으로 기도드립니다. 아멘.

Children In Prayer

용서하시는 하나님

찬양(8분)
이제 용서하시는 하나님을 선포하고 찬양하겠습니다.

| 함께 해요 | 우리는 용서하고 싶지 않은 나의 고집 때문에 다른 사람을 향해 싫은 마음을 품고 삽니다. 그러나 용서하지 못하는 마음을 품는 것은 목에 무겁고 고통스러운 돌덩이를 걸고 있는 것처럼 스스로를 괴롭게 하는 것이에요. 용서가 어려울 때 우리를 용서하기 위해 값을 치르신 예수님을 기억하세요. 예수님께서 용서의 힘을 주실 것입니다. 지금 내가 용서할 사람이 있습니까? 그렇다면 용서를 통하여 기쁨을 누려 보세요. 용서하시는 하나님에 관한 말씀을 읽어 봅시다.

- 에베소서 1:7 우리는 그리스도 안에서 그의 은혜의 풍성함을 따라 그의 피로 말미암아 속량 곧 죄 사함을 받았느니라

- 요한일서 1:9 만일 우리가 우리 죄를 자백하면 그는 미쁘시고 의로우사 우리 죄를 사하시며 우리를 모든 불의에서 깨끗하게 하실 것이요

- 역대하 7:14 내 이름으로 일컫는 내 백성이 그들의 악한 길에서 떠나 스스로 낮추고 기도하여 내 얼굴을 찾으면 내가 하늘에서 듣고 그들의 죄를 사하고 그들의 땅을 고칠지라

고백(2-3분)

내가 죄를 품고 있으면 하나님은 나의 기도를 듣지 않으세요. 이 시간은 조용히 나의 죄를 고백하는 기도를 하겠습니다.

만일 내가 죄를 고백하면 하나님께서는 신실하시고 의로우심으로 내 죄를 용서하시고 깨끗하게 하신다고 말씀하셨습니다. 이 말씀대로 나의 죄가 예수님의 보혈로 깨끗하게 씻겼음을 믿습니다. 성령님, 이제 나를 온전히 다스리시고 성령으로 충만하게 해주세요. 또한 구하는 자에게 성령 충만을 주신다는 것을 믿고 감사드립니다.

감사(5분)

이 시간은 하나님이 기도 응답을 해주신 것에 대하여 감사기도 드리겠습니다.

나 _____를 위한 감사	친구 _____를 위한 감사

중보(10분)
이 시간은 다른 사람들(가족, 친구, 선생님, 교회, 학교, 나라)을 위해 기도하겠습니다.

1. 성구기도

성구기도는 성경 말씀으로 하는 기도입니다. 성경 말씀에 이름을 넣어 기도해 봅시다. 먼저 나의 이름을 넣어 선포한 다음, 친구의 이름을 넣어 선포하겠습니다.

"_____은(는) 모든 악독과 노함과 분냄과 떠드는 것과 비방하는 것을 모든 악의와 함께 버리고 서로 친절하게 하며 불쌍히 여기며 서로 용서하기를 하나님이 그리스도 안에서 _____을(를) 용서하심과 같이 하라"(에베소서 4:31-32)

2. 구체적인 기도

나 _____를 위한 구체적인 기도 제목	친구 _____를 위한 구체적인 기도 제목

3. 학교 선생님을 위한 성구기도

예수님을 믿지 않는 학교 선생님을 위한 기도

_____ 선생님의 눈을 열어 주셔서 어두움에서 빛으로, 사탄의 권세에서 하나님께로 돌아오게 하시고, 죄사함과 예수를 믿어 거룩하게 된 무리 가운데서 기업을 얻게 하옵소서. (사도행전 26:18)

예수님을 믿는 학교 선생님을 위한 기도

우리 주 예수 그리스도의 하나님, 영광의 아버지께서 지혜와 계시의 영을 _____ 선생님에게 주셔서 하나님을 더 깊이 알게 하시고 _____ 선생님의 마음의 눈을 밝히셔서 교사로 부르심의 소망이 무엇인지 알게 하여 주시옵소서. (에베소서 1:17-18)

가정을 위한 중보기도	학교를 위한 중보기도	교회(교회학교와 부서)와 나라를 위한 중보기도

마무리

오늘도 용서하시는 하나님을 더 깊이 알아 갈 수 있도록
우리의 기도를 이끌어 주신 하나님께 감사와 찬양과 영광을 올려 드리며
예수님의 이름으로 기도드립니다. 아멘.

Children In Prayer
인도자 되시는 하나님

찬양(8분)
이제 인도자 되시는 하나님을 선포하고 찬양하겠습니다.

| 함께 해요 | 학교와 교회 생활 가운데 나름대로 개인의 목표를 가지고 열심히 하지만 때때로 힘든 순간이 찾아옵니다. 포기하고 싶고 모든 것이 어렵게 느껴지기도 합니다. 하지만 하나님은 우리 각 개인을 향한 계획을 가지고 계십니다. 우리는 하나님께서 자녀 된 우리를 인도하겠다고 약속하신 말씀에 확신을 가져야 합니다. 우리의 인도자 되시는 하나님을 기꺼이 따르고 순종하는 겸손한 마음을 우리 가운데 주시기를 기도합시다. 인도자 되시는 하나님에 관한 말씀을 읽어 봅시다.

- 이사야 58:11 여호와가 너를 항상 인도하여 메마른 곳에서도 네 영혼을 만족하게 하며 네 뼈를 견고하게 하리니 너는 물 댄 동산 같겠고 물이 끊어지지 아니하는 샘 같을 것이라

- 이사야 48:17 너희의 구속자시요 이스라엘의 거룩하신 이이신 여호와께서 이르시되 나는 네게 유익하도록 가르치고 너를 마땅히 행할 길로 인도하는 네 하나님 여호와라

- 출애굽기 13:21 여호와께서 그들 앞에서 가시며 낮에는 구름 기둥으로 그들의 길을 인도하시고 밤에는 불 기둥을 그들에게 비추사 낮이나 밤이나 진행하게 하시니

고백(2-3분)

내가 죄를 품고 있으면 하나님은 나의 기도를 듣지 않으세요. 이 시간은 조용히 나의 죄를 고백하는 기도를 하겠습니다.

만일 내가 죄를 고백하면 하나님께서는 신실하시고 의로우심으로 내 죄를 용서하시고 깨끗하게 하신다고 말씀하셨습니다. 이 말씀대로 나의 죄가 예수님의 보혈로 깨끗하게 씻겼음을 믿습니다. 성령님, 이제 나를 온전히 다스리시고 성령으로 충만하게 해주세요. 또한 구하는 자에게 성령 충만을 주신다는 것을 믿고 감사드립니다.

감사(5분)

이 시간은 하나님이 기도 응답을 해주신 것에 대하여 감사기도 드리겠습니다.

나 _____를 위한 감사	친구 _____를 위한 감사

중보(10분)

이 시간은 다른 사람들(가족, 친구, 선생님, 교회, 학교, 나라)을 위해 기도하겠습니다.

1. 성구기도

성구기도는 성경 말씀으로 하는 기도입니다. 성경 말씀에 이름을 넣어 기도해 봅시다. 먼저 나의 이름을 넣어 선포한 다음, 친구의 이름을 넣어 선포하겠습니다.

"여호와가 _____을(를) 항상 인도하여 메마른 곳에서도 네 영혼을 만족하게 하며 네 뼈를 견고하게 하리니 _____은(는) 물 댄 동산 같겠고 물이 끊어지지 아니하는 샘 같을 것이라"(이사야 58:11)

2. 구체적인 기도

나 _____를 위한 구체적인 기도 제목	친구 _____를 위한 구체적인 기도 제목

3. 학교 선생님을 위한 성구기도

예수님을 믿지 않는 학교 선생님을 위한 기도

_____ 선생님의 눈을 열어 주셔서 어두움에서 빛으로, 사탄의 권세에서 하나님께로 돌아오게 하시고, 죄사함과 예수를 믿어 거룩하게 된 무리 가운데서 기업을 얻게 하옵소서. (사도행전 26:18)

예수님을 믿는 학교 선생님을 위한 기도

우리 주 예수 그리스도의 하나님, 영광의 아버지께서 지혜와 계시의 영을 _____ 선생님에게 주셔서 하나님을 더 깊이 알게 하시고 _____ 선생님의 마음의 눈을 밝히셔서 교사로 부르심의 소망이 무엇인지 알게 하여 주시옵소서. (에베소서 1:17-18)

가정을 위한 중보기도	학교를 위한 중보기도	교회(교회학교와 부서)와 나라를 위한 중보기도

마무리

오늘도 인도자 되시는 하나님을 더 깊이 알아 갈 수 있도록
우리의 기도를 이끌어 주신 하나님께 감사와 찬양과 영광을 올려 드리며
예수님의 이름으로 기도드립니다. 아멘.

Children In Prayer

능력의 하나님

찬양(8분)

이제 능력의 하나님을 선포하고 찬양하겠습니다.

| 함께 해요 | 하나님은 무슨 일이든 행하실 수 있는 능력의 하나님이세요. 가정에서나 학교에서 내가 어떤 힘든 일을 하게 될지라도 하나님은 권세와 힘으로 나를 도우실 능력을 갖고 계십니다. 진실로 하나님은 그의 크신 능력으로 나와 함께 하세요. 능력의 하나님에 관한 말씀을 읽어 봅시다.

- **역대상 29:12** 부와 귀가 주께로 말미암고 또 주는 만물의 주재가 되사 손에 권세와 능력이 있사오니 모든 사람을 크게 하심과 강하게 하심이 주의 손에 있나이다

- **시편 89:13** 주의 팔에 능력이 있사오며 주의 손은 강하고 주의 오른손은 높이 들리우셨나이다

- **이사야 40:26** 너희는 눈을 높이 들어 누가 이 모든 것을 창조하였나 보라 주께서는 수효대로 만상을 이끌어 내시고 그들의 모든 이름을 부르시나니 그의 권세가 크고 그의 능력이 강하므로 하나도 빠짐이 없느니라

고백 (2-3분)
내가 죄를 품고 있으면 하나님은 나의 기도를 듣지 않으세요. 이 시간은 조용히 나의 죄를 고백하는 기도를 하겠습니다.

만일 내가 죄를 고백하면 하나님께서는 신실하시고 의로우심으로 내 죄를 용서하시고 깨끗하게 하신다고 말씀하셨습니다. 이 말씀대로 나의 죄가 예수님의 보혈로 깨끗하게 씻겼음을 믿습니다. 성령님, 이제 나를 온전히 다스리시고 성령으로 충만하게 해주세요. 또한 구하는 자에게 성령 충만을 주신다는 것을 믿고 감사드립니다.

감사 (5분)
이 시간은 하나님이 기도 응답을 해주신 것에 대하여 감사기도 드리겠습니다.

나 _____를 위한 감사	친구 _____를 위한 감사

중보(10분)

이 시간은 다른 사람들(가족, 친구, 선생님, 교회, 학교, 나라)을 위해 기도하겠습니다.

1. 성구기도

성구기도는 성경 말씀으로 하는 기도입니다. 성경 말씀에 이름을 넣어 기도해 봅시다. 먼저 나의 이름을 넣어 선포한 다음, 친구의 이름을 넣어 선포하겠습니다.

"끝으로 _____이(가) 주 안에서와 그 힘의 능력으로 강건하여지고 마귀의 간계를 능히 대적하기 위하여 하나님의 전신 갑주를 입으라"(에베소서 6:10-11)

2. 구체적인 기도

나 _____를 위한 구체적인 기도 제목	친구 _____를 위한 구체적인 기도 제목

3. 학교 선생님을 위한 성구기도

예수님을 믿지 않는 학교 선생님을 위한 기도

_____ 선생님의 눈을 열어 주셔서 어두움에서 빛으로, 사탄의 권세에서 하나님께로 돌아오게 하시고, 죄사함과 예수를 믿어 거룩하게 된 무리 가운데서 기업을 얻게 하옵소서. (사도행전 26:18)

예수님을 믿는 학교 선생님을 위한 기도

우리 주 예수 그리스도의 하나님, 영광의 아버지께서 지혜와 계시의 영을 _____ 선생님에게 주셔서 하나님을 더 깊이 알게 하시고 _____ 선생님의 마음의 눈을 밝히셔서 교사로 부르심의 소망이 무엇인지 알게 하여 주시옵소서. (에베소서 1:17-18)

가정을 위한 중보기도	학교를 위한 중보기도	교회(교회학교와 부서)와 나라를 위한 중보기도

마무리

오늘도 능력의 하나님을 더 깊이 알아 갈 수 있도록
우리의 기도를 이끌어 주신 하나님께 감사와 찬양과 영광을 올려 드리며
예수님의 이름으로 기도드립니다. 아멘.

chapter 1
신실하신 하나님

 **찬양**(8분)
이제 신실하신 하나님을 선포하고 찬양하겠습니다.

| 함께 해요 | 하나님은 참된 분이시기에 참된 것만 말씀하십니다. 하나님은 결코 거짓말하지 않으십니다. 우리의 감정을 따르지 말고 진리의 말씀을 믿고 의지합시다. 신실하신 하나님에 관한 말씀을 읽어 봅시다.

- 이사야 25:1 여호와여 주는 나의 하나님이시라 내가 주를 높이고 주의 이름을 찬송하오리니 주는 기사를 옛적에 정하신 뜻대로 성실함과 진실함으로 행하셨음이라

- 시편 100:5 여호와는 선하시니 그의 인자하심이 영원하고 그의 성실하심이 대대에 이르리로다

- 시편 91:4 그가 너를 그의 깃으로 덮으시리니 네가 그의 날개 아래에 피하리로다 그의 진실함은 방패와 손 방패가 되시나니

고백(2-3분)
내가 죄를 품고 있으면 하나님은 나의 기도를 듣지 않으세요. 이 시간은 조용히 나의 죄를 고백하는 기도를 하겠습니다.

만일 내가 죄를 고백하면 하나님께서는 신실하시고 의로우심으로 내 죄를 용서하시고 깨끗하게 하신다고 말씀하셨습니다. 이 말씀대로 나의 죄가 예수님의 보혈로 깨끗하게 씻겼음을 믿습니다. 성령님, 이제 나를 온전히 다스리시고 성령으로 충만하게 해주세요. 또한 구하는 자에게 성령 충만을 주신다는 것을 믿고 감사드립니다.

감사(5분)
이 시간은 하나님이 기도 응답을 해주신 것에 대하여 감사기도 드리겠습니다.

나 _____를 위한 감사	친구 _____를 위한 감사

중보(10분)

이 시간은 다른 사람들(가족, 친구, 선생님, 교회, 학교, 나라)을 위해 기도하겠습니다.

1. 성구기도

성구기도는 성경 말씀으로 하는 기도입니다. 성경 말씀에 이름을 넣어 기도해 봅시다. 먼저 나의 이름을 넣어 선포한 다음, 친구의 이름을 넣어 선포하겠습니다.

"여호와여 주는 _____의 하나님이시라 _____이(가) 주를 높이고 주의 이름을 찬송하오리니 주는 기사를 옛적에 정하신 뜻대로 성실함과 진실함으로 행하셨음이라"(이사야 25:1)

2. 구체적인 기도

나 _____를 위한 구체적인 기도 제목	친구 _____를 위한 구체적인 기도 제목

3. 학교 선생님을 위한 성구기도

예수님을 믿지 않는 학교 선생님을 위한 기도

＿＿＿＿＿ 선생님의 눈을 열어 주셔서 어두움에서 빛으로, 사탄의 권세에서 하나님께로 돌아오게 하시고, 죄사함과 예수를 믿어 거룩하게 된 무리 가운데서 기업을 얻게 하옵소서. (사도행전 26:18)

예수님을 믿는 학교 선생님을 위한 기도

우리 주 예수 그리스도의 하나님, 영광의 아버지께서 지혜와 계시의 영을 ＿＿＿＿＿ 선생님에게 주셔서 하나님을 더 깊이 알게 하시고 ＿＿＿＿＿ 선생님의 마음의 눈을 밝히셔서 교사로 부르심의 소망이 무엇인지 알게 하여 주시옵소서. (에베소서 1:17-18)

가정을 위한 중보기도	학교를 위한 중보기도	교회(교회학교와 부서)와 나라를 위한 중보기도

마무리

오늘도 신실하신 하나님을 더 깊이 알아 갈 수 있도록
우리의 기도를 이끌어 주신 하나님께 감사와 찬양과 영광을 올려 드리며
예수님의 이름으로 기도드립니다. 아멘.

chapter 2
평강의 하나님

찬양(8분)

이제 평강의 하나님을 선포하고 찬양하겠습니다.

| 함께 해요 | 사람들은 음악, 운동, 아름다운 자연이나 돈을 통해 마음의 평강을 얻으려고 하지만 우리에게 완전한 평강을 주실 수 있는 분은 오직 평강이신 하나님 한 분 뿐입니다. 평강의 하나님에 관한 말씀을 읽어 봅시다.

- 요한복음 14:27 평안을 너희에게 끼치노니 곧 나의 평안을 너희에게 주노라 내가 너희에게 주는 것은 세상이 주는 것과 같지 아니하니라 너희는 마음에 근심하지도 말고 두려워하지도 말라

- 잠언 3:1-2 내 아들아 나의 법을 잊어버리지 말고 네 마음으로 나의 명령을 지키라 그리하면 그것이 네가 장수하여 많은 해를 누리게 하며 평강을 더하게 하리라

- 빌립보서 4:6-7 아무것도 염려하지 말고 다만 모든 일에 기도와 간구로, 너희 구할 것을 감사함으로 하나님께 아뢰라 그리하면 모든 지각에 뛰어난 하나님의 평강이 그리스도 예수 안에서 너희 마음과 생각을 지키시리라

고백 (2-3분)
내가 죄를 품고 있으면 하나님은 나의 기도를 듣지 않으세요. 이 시간은 조용히 나의 죄를 고백하는 기도를 하겠습니다.

만일 내가 죄를 고백하면 하나님께서는 신실하시고 의로우심으로 내 죄를 용서하시고 깨끗하게 하신다고 말씀하셨습니다. 이 말씀대로 나의 죄가 예수님의 보혈로 깨끗하게 씻겼음을 믿습니다. 성령님, 이제 나를 온전히 다스리시고 성령으로 충만하게 해주세요. 또한 구하는 자에게 성령 충만을 주신다는 것을 믿고 감사드립니다.

감사 (5분)
이 시간은 하나님이 기도 응답을 해주신 것에 대하여 감사기도 드리겠습니다.

나 _____를 위한 감사　　　　　친구 _____를 위한 감사

중보(10분)
이 시간은 다른 사람들(가족, 친구, 선생님, 교회, 학교, 나라)을 위해 기도하겠습니다.

1. 성구기도

   성구기도는 성경 말씀으로 하는 기도입니다. 성경 말씀에 이름을 넣어 기도해 봅시다. 먼저 나의 이름을 넣어 선포한 다음, 친구의 이름을 넣어 선포하겠습니다.

   "모든 지각에 뛰어난 하나님의 평강이 그리스도 예수 안에서 _____의 마음과 생각을 지키시리라"(빌립보서 4:7)

2. 구체적인 기도

나 _____를 위한 구체적인 기도 제목	친구 _____를 위한 구체적인 기도 제목

3. 학교 선생님을 위한 성구기도

예수님을 믿지 않는 학교 선생님을 위한 기도

_____ 선생님의 눈을 열어 주셔서 어두움에서 빛으로, 사탄의 권세에서 하나님께로 돌아오게 하시고, 죄사함과 예수를 믿어 거룩하게 된 무리 가운데서 기업을 얻게 하옵소서. (사도행전 26:18)

예수님을 믿는 학교 선생님을 위한 기도

우리 주 예수 그리스도의 하나님, 영광의 아버지께서 지혜와 계시의 영을 _____ 선생님에게 주셔서 하나님을 더 깊이 알게 하시고 _____ 선생님의 마음의 눈을 밝히셔서 교사로 부르심의 소망이 무엇인지 알게 하여 주시옵소서. (에베소서 1:17-18)

가정을 위한 중보기도	학교를 위한 중보기도	교회(교회학교와 부서)와 나라를 위한 중보기도

마무리

오늘도 평강의 하나님을 더 깊이 알아 갈 수 있도록
우리의 기도를 이끌어 주신 하나님께 감사와 찬양과 영광을 올려 드리며
예수님의 이름으로 기도드립니다. 아멘.

chapter 3
엘 샤다이: 전능하신 하나님

 **찬양**(8분)
이제 엘 샤다이-전능하신 하나님을 선포하고 찬양하겠습니다.

| 함께 해요 | 하나님은 약한 자를 택하사 완전한 능력으로 강하게 하시며, 모든 것을 풍성하게 가지고 계시는 분입니다. 전능하신 하나님에 관한 말씀을 읽어 봅시다.

- **역대상 29:12-13** 부와 귀가 주께로 말미암고 또 주는 만물의 주재가 되사 손에 권세와 능력이 있사오니 모든 사람을 크게 하심과 강하게 하심이 주의 손에 있나이다 우리 하나님이여 이제 우리가 주께 감사하오며 주의 영화로운 이름을 찬양하나이다

- **요한계시록 1:8** 주 하나님이 이르시되 나는 알파와 오메가라 이제도 있고 전에도 있었고 장차 올 자요 전능한 자라 하시더라

- **마태복음 19:26** 예수께서 그들을 보시며 이르시되 사람으로는 할 수 없으나 하나님으로서는 다 하실 수 있느니라

고백(2-3분)
내가 죄를 품고 있으면 하나님은 나의 기도를 듣지 않으세요. 이 시간은 조용히 나의 죄를 고백하는 기도를 하겠습니다.

만일 내가 죄를 고백하면 하나님께서는 신실하시고 의로우심으로 내 죄를 용서하시고 깨끗하게 하신다고 말씀하셨습니다. 이 말씀대로 나의 죄가 예수님의 보혈로 깨끗하게 씻겼음을 믿습니다. 성령님, 이제 나를 온전히 다스리시고 성령으로 충만하게 해주세요. 또한 구하는 자에게 성령 충만을 주신다는 것을 믿고 감사드립니다.

감사(5분)
이 시간은 하나님이 기도 응답을 해주신 것에 대하여 감사기도 드리겠습니다.

나 _____를 위한 감사	친구 _____를 위한 감사

중보(10분)

이 시간은 다른 사람들(가족, 친구, 선생님, 교회, 학교, 나라)을 위해 기도하겠습니다.

1. 성구기도

성구기도는 성경 말씀으로 하는 기도입니다. 성경 말씀에 이름을 넣어 기도해 봅시다. 먼저 나의 이름을 넣어 선포한 다음, 친구의 이름을 넣어 선포하겠습니다.

"부와 귀가 주께로 말미암고 또 주는 만물의 주재가 되사 손에 권세와 능력이 있사오니 모든 사람을 크게 하심과 강하게 하심이 주의 손에 있나이다 우리 하나님이여 이제 _____이(가) 주께 감사하오며 주의 영화로운 이름을 찬양하나이다"(역대상 29:12-13)

2. 구체적인 기도

나 _____를 위한 구체적인 기도 제목	친구 _____를 위한 구체적인 기도 제목

3. 학교 선생님을 위한 성구기도

예수님을 믿지 않는 학교 선생님을 위한 기도

_____ 선생님의 눈을 열어 주셔서 어두움에서 빛으로, 사탄의 권세에서 하나님께로 돌아오게 하시고, 죄사함과 예수를 믿어 거룩하게 된 무리 가운데서 기업을 얻게 하옵소서. (사도행전 26:18)

예수님을 믿는 학교 선생님을 위한 기도

우리 주 예수 그리스도의 하나님, 영광의 아버지께서 지혜와 계시의 영을 _____ 선생님에게 주셔서 하나님을 더 깊이 알게 하시고 _____ 선생님의 마음의 눈을 밝히셔서 교사로 부르심의 소망이 무엇인지 알게 하여 주시옵소서. (에베소서 1:17-18)

가정을 위한 중보기도	학교를 위한 중보기도	교회(교회학교와 부서)와 나라를 위한 중보기도

마무리

오늘도 엘 샤다이-전능하신 하나님을 더 깊이 알아 갈 수 있도록
우리의 기도를 이끌어 주신 하나님께 감사와 찬양과 영광을 올려 드리며
예수님의 이름으로 기도드립니다. 아멘.

chapter 4
여호와 사바오트: 만군의 여호와 하나님

찬양(8분)
이제 여호와 사바오트-만군의 여호와 하나님을 선포하고 찬양하겠습니다.

| 함께 해요 | 하나님께서는 사탄과의 전쟁에서 우리를 돕겠다고 말씀하십니다. 하나님의 군대인 천군 천사가 사탄 마귀와 대적하여 싸울 뿐만 아니라 하나님께서 친히 우리를 위하여 싸우시고 사탄을 물리치십니다. 만군의 여호와 하나님에 관한 말씀을 읽어봅시다.

- 사무엘상 17:45 다윗이 블레셋 사람에게 이르되 너는 칼과 창과 단창으로 내게 나아 오거니와 나는 만군의 여호와의 이름 곧 네가 모욕하는 이스라엘 군대의 하나님의 이름으로 네게 나아가노라

- 이사야 8:13 만군의 여호와 그를 너희가 거룩하다 하고 그를 너희가 두려워하며 무서워할 자로 삼으라

- 말라기 4:3 또 너희가 악인을 밟을 것이니 그들이 내가 정한 날에 너희 발바닥 밑에 재와 같으리라 만군의 여호와의 말이니라

고백(2-3분)
내가 죄를 품고 있으면 하나님은 나의 기도를 듣지 않으세요. 이 시간은 조용히 나의 죄를 고백하는 기도를 하겠습니다.

만일 내가 죄를 고백하면 하나님께서는 신실하시고 의로우심으로 내 죄를 용서하시고 깨끗하게 하신다고 말씀하셨습니다. 이 말씀대로 나의 죄가 예수님의 보혈로 깨끗하게 씻겼음을 믿습니다. 성령님, 이제 나를 온전히 다스리시고 성령으로 충만하게 해주세요. 또한 구하는 자에게 성령 충만을 주신다는 것을 믿고 감사드립니다.

감사(5분)
이 시간은 하나님이 기도 응답을 해주신 것에 대하여 감사기도 드리겠습니다.

나 _____를 위한 감사	친구 _____를 위한 감사

중보(10분)
이 시간은 다른 사람들(가족, 친구, 선생님, 교회, 학교, 나라)을 위해 기도하겠습니다.

1. 성구기도

　성구기도는 성경 말씀으로 하는 기도입니다. 성경 말씀에 이름을 넣어 기도해 봅시다. 먼저 나의 이름을 넣어 선포한 다음, 친구의 이름을 넣어 선포하겠습니다.

　"만군의 여호와 그를 _____이(가) 거룩하다 하고 그를 _____이(가) 두려워하며 무서워할 자로 삼으라"(이사야 8:13)

2. 구체적인 기도

나 _____를 위한 구체적인 기도 제목	친구 _____를 위한 구체적인 기도 제목

3. 학교 선생님을 위한 성구기도

예수님을 믿지 않는 학교 선생님을 위한 기도

_____ 선생님의 눈을 열어 주셔서 어두움에서 빛으로, 사탄의 권세에서 하나님께로 돌아오게 하시고, 죄사함과 예수를 믿어 거룩하게 된 무리 가운데서 기업을 얻게 하옵소서. (사도행전 26:18)

예수님을 믿는 학교 선생님을 위한 기도

우리 주 예수 그리스도의 하나님, 영광의 아버지께서 지혜와 계시의 영을 _____ 선생님에게 주셔서 하나님을 더 깊이 알게 하시고 _____ 선생님의 마음의 눈을 밝히셔서 교사로 부르심의 소망이 무엇인지 알게 하여 주시옵소서. (에베소서 1:17-18)

가정을 위한 중보기도	학교를 위한 중보기도	교회(교회학교와 부서)와 나라를 위한 중보기도

마무리

오늘도 여호와 사바오트-만군의 여호와 하나님을 더 깊이 알아 갈 수 있도록
우리의 기도를 이끌어 주신 하나님께 감사와 찬양과 영광을 올려 드리며
예수님의 이름으로 기도드립니다. 아멘.

chapter 5
하쉠: 모든 이름 위에 뛰어나신 하나님

찬양(8분)

이제 하쉠-모든 이름 위에 뛰어나신 하나님을 선포하고 찬양하겠습니다.

| 함께 해요 | 하나님은 하늘에 있는 자들과 땅에 있는 자들과 땅 아래에 있는 자들에게 예수의 이름에 모든 무릎을 꿇게 하시고, 모든 입으로 예수 그리스도를 주라 고백하고 인정하여 하나님께 영광을 돌리게 하십니다. 모든 이름 위에 뛰어나신 하나님에 관한 말씀을 읽어 봅시다.

- 요한복음 17:6 세상 중에서 내게 주신 사람들에게 내가 아버지의 이름을 나타내었나이다 그들은 아버지의 것이었는데 내게 주셨으며 그들은 아버지의 말씀을 지키었나이다

- 요한복음 17:26 내가 아버지의 이름을 그들에게 알게 하였고 또 알게 하리니 이는 나를 사랑하신 사랑이 그들 안에 있고 나도 그들 안에 있게 하려 함이니이다

- 요한계시록 3:12 이기는 자는 내 하나님 성전에 기둥이 되게 하리니 그가 결코 다시 나가지 아니하리라 내가 하나님의 이름과 하나님의 성 곧 하늘에서 내 하나님께로부터 내려오는 새 예루살렘의 이름과 나의 새 이름을 그이 위에 기록하리라

고백(2-3분)
내가 죄를 품고 있으면 하나님은 나의 기도를 듣지 않으세요. 이 시간은 조용히 나의 죄를 고백하는 기도를 하겠습니다.

만일 내가 죄를 고백하면 하나님께서는 신실하시고 의로우심으로 내 죄를 용서하시고 깨끗하게 하신다고 말씀하셨습니다. 이 말씀대로 나의 죄가 예수님의 보혈로 깨끗하게 씻겼음을 믿습니다. 성령님, 이제 나를 온전히 다스리시고 성령으로 충만하게 해주세요. 또한 구하는 자에게 성령 충만을 주신다는 것을 믿고 감사드립니다.

감사(5분)
이 시간은 하나님이 기도 응답을 해주신 것에 대하여 감사기도 드리겠습니다.

나 _____를 위한 감사	친구 _____를 위한 감사

중보(10분)

이 시간은 다른 사람들(가족, 친구, 선생님, 교회, 학교, 나라)을 위해 기도하겠습니다.

1. 성구기도

   성구기도는 성경 말씀으로 하는 기도입니다. 성경 말씀에 이름을 넣어 기도해 봅시다. 먼저 나의 이름을 넣어 선포한 다음, 친구의 이름을 넣어 선포하겠습니다.

   "내가 아버지의 이름을 _____에게 알게 하였고 또 알게 하리니 이는 나를 사랑하신 사랑이 _____ 안에 있고 나도 _____ 안에 있게 하려 함이니이다"(요한복음 17:26)

2. 구체적인 기도

나 _____를 위한 구체적인 기도 제목	친구 _____를 위한 구체적인 기도 제목

3. 학교 선생님을 위한 성구기도

예수님을 믿지 않는 학교 선생님을 위한 기도

_____ 선생님의 눈을 열어 주셔서 어두움에서 빛으로, 사탄의 권세에서 하나님께로 돌아오게 하시고, 죄사함과 예수를 믿어 거룩하게 된 무리 가운데서 기업을 얻게 하옵소서. (사도행전 26:18)

예수님을 믿는 학교 선생님을 위한 기도

우리 주 예수 그리스도의 하나님, 영광의 아버지께서 지혜와 계시의 영을 _____ 선생님에게 주셔서 하나님을 더 깊이 알게 하시고 _____ 선생님의 마음의 눈을 밝히셔서 교사로 부르심의 소망이 무엇인지 알게 하여 주시옵소서. (에베소서 1:17-18)

가정을 위한 중보기도	학교를 위한 중보기도	교회(교회학교와 부서)와 나라를 위한 중보기도

마무리

오늘도 하쉠-모든 이름 위에 뛰어나신 하나님을 더 깊이 알아 갈 수 있도록
우리의 기도를 이끌어 주신 하나님께 감사와 찬양과 영광을 올려 드리며
예수님의 이름으로 기도드립니다. 아멘.

chapter 6
여호와 치케누:
우리의 의가 되시는 하나님

찬양(8분)

이제 여호와 치케누-우리의 의가 되시는 하나님을 선포하고 찬양하겠습니다.

| 함께 해요 | 하나님과 올바른 관계를 맺으면 의롭게 됩니다. 왜냐하면 하나님께서 의로우신 분이기 때문입니다. 예수님의 십자가 은혜를 믿음으로 의롭게 된 우리는 하나님께서 옳다고 말씀하시는 것에 순종하기 원하고, 하나님의 의의 기준을 따라 살아가고자 합니다. 우리의 의가 되시는 하나님에 관한 말씀을 읽어 봅시다.

- 예레미야 23:5-6 여호와의 말씀이니라 보라 때가 이르리니 내가 다윗에게 한 의로운 가지를 일으킬 것이라 그가 왕이 되어 지혜롭게 다스리며 세상에서 정의와 공의를 행할 것이며 그의 날에 유다는 구원을 받겠고 이스라엘은 평안히 살 것이며 그의 이름은 여호와 우리의 공의라 일컬음을 받으리라

- 고린도후서 5:21 하나님이 죄를 알지도 못하신 이를 우리를 대신하여 죄로 삼으신 것은 우리로 하여금 그 안에서 하나님의 의가 되게 하려 하심이라

- 요한일서 1:9 만일 우리가 우리 죄를 자백하면 그는 미쁘시고 의로우사 우리 죄를 사하시며 우리를 모든 불의에서 깨끗하게 하실 것이요

고백(2-3분)

내가 죄를 품고 있으면 하나님은 나의 기도를 듣지 않으세요. 이 시간은 조용히 나의 죄를 고백하는 기도를 하겠습니다.

만일 내가 죄를 고백하면 하나님께서는 신실하시고 의로우심으로 내 죄를 용서하시고 깨끗하게 하신다고 말씀하셨습니다. 이 말씀대로 나의 죄가 예수님의 보혈로 깨끗하게 씻겼음을 믿습니다. 성령님, 이제 나를 온전히 다스리시고 성령으로 충만하게 해주세요. 또한 구하는 자에게 성령 충만을 주신다는 것을 믿고 감사드립니다.

감사(5분)

이 시간은 하나님이 기도 응답을 해주신 것에 대하여 감사기도 드리겠습니다.

나 _____를 위한 감사	친구 _____를 위한 감사

중보(10분)

이 시간은 다른 사람들(가족, 친구, 선생님, 교회, 학교, 나라)을 위해 기도하겠습니다.

1. 성구기도

성구기도는 성경 말씀으로 하는 기도입니다. 성경 말씀에 이름을 넣어 기도해 봅시다. 먼저 나의 이름을 넣어 선포한 다음, 친구의 이름을 넣어 선포하겠습니다.

"하나님이 죄를 알지도 못하신 이[예수 그리스도]를 _____을(를) 대신하여 죄로 삼으신 것은 _____으로(로) 하여금 그[예수 그리스도] 안에서 하나님의 의가 되게 하려 하심이라"(고린도후서 5:21)

2. 구체적인 기도

나 _____를 위한
구체적인 기도 제목

친구 _____를 위한
구체적인 기도 제목

3. 학교 선생님을 위한 성구기도

예수님을 믿지 않는 학교 선생님을 위한 기도

_____ 선생님의 눈을 열어 주셔서 어두움에서 빛으로, 사탄의 권세에서 하나님께로 돌아오게 하시고, 죄사함과 예수를 믿어 거룩하게 된 무리 가운데서 기업을 얻게 하옵소서. (사도행전 26:18)

예수님을 믿는 학교 선생님을 위한 기도

우리 주 예수 그리스도의 하나님, 영광의 아버지께서 지혜와 계시의 영을 _____ 선생님에게 주셔서 하나님을 더 깊이 알게 하시고 _____ 선생님의 마음의 눈을 밝히셔서 교사로 부르심의 소망이 무엇인지 알게 하여 주시옵소서. (에베소서 1:17-18)

가정을 위한 중보기도	학교를 위한 중보기도	교회(교회학교와 부서)와 나라를 위한 중보기도

마무리

오늘도 여호와 치케누-우리의 의가 되시는 하나님을 더 깊이 알아 갈 수 있도록 우리의 기도를 이끌어 주신 하나님께 감사와 찬양과 영광을 올려 드리며 예수님의 이름으로 기도드립니다. 아멘.

chapter 7
멜렉:
왕이신 하나님

찬양(8분)
이제 멜렉-왕이신 하나님을 선포하고 찬양하겠습니다.

| 함께 해요 | 하나님께 기도하는 것은 온 세상을 통치하시는 왕께 기도하는 것입니다. 우리가 하나님을 멜렉, 즉 왕으로 인정하고 순종하는 삶을 살면 우리의 생활은 형통할 것입니다. 왕이신 하나님에 관한 말씀을 읽어 봅시다.

- **시편 97:4-6** 그의 번개가 세계를 비추니 땅이 보고 떨었도다 산들이 여호와의 앞 곧 온 땅의 주 앞에서 밀랍 같이 녹았도다 하늘이 그의 의를 선포하니 모든 백성이 그의 영광을 보았도다

- **시편 97:7-9** 조각한 신상을 섬기며 허무한 것으로 자랑하는 자는 다 수치를 당할 것이라 너희 신들아 여호와께 경배할지어다 여호와여 시온이 주의 심판을 듣고 기뻐하며 유다의 딸들이 즐거워하였나이다 여호와여 주는 온 땅 위에 지존하시고 모든 신들보다 위에 계시니이다

- **스가랴 14:9** 여호와께서 천하의 왕이 되시리니 그 날에는 여호와께서 홀로 한 분이실 것이요 그의 이름이 홀로 하나이실 것이라

고백(2-3분)
내가 죄를 품고 있으면 하나님은 나의 기도를 듣지 않으세요. 이 시간은 조용히 나의 죄를 고백하는 기도를 하겠습니다.

만일 내가 죄를 고백하면 하나님께서는 신실하시고 의로우심으로 내 죄를 용서하시고 깨끗하게 하신다고 말씀하셨습니다. 이 말씀대로 나의 죄가 예수님의 보혈로 깨끗하게 씻겼음을 믿습니다. 성령님, 이제 나를 온전히 다스리시고 성령으로 충만하게 해주세요. 또한 구하는 자에게 성령 충만을 주신다는 것을 믿고 감사드립니다.

감사(5분)
이 시간은 하나님이 기도 응답을 해주신 것에 대하여 감사기도 드리겠습니다.

나 _____를 위한 감사	친구 _____를 위한 감사

중보(10분)

이 시간은 다른 사람들(가족, 친구, 선생님, 교회, 학교, 나라)을 위해 기도하겠습니다.

1. 성구기도

   성구기도는 성경 말씀으로 하는 기도입니다. 성경 말씀에 이름을 넣어 기도해 봅시다. 먼저 나의 이름을 넣어 선포한 다음, 친구의 이름을 넣어 선포하겠습니다.

   "그의 번개가 세계를 비추니 땅이 보고 떨었도다 산들이 여호와의 앞 곧 온 땅의 주 앞에서 밀랍같이 녹았도다 하늘이 그의 의를 선포하니 _____이(가) 그의 영광을 보았도다"(시편 97:4-6)

2. 구체적인 기도

나 _____를 위한 구체적인 기도 제목	친구 _____를 위한 구체적인 기도 제목

3. 학교 선생님을 위한 성구기도

예수님을 믿지 않는 학교 선생님을 위한 기도

_____ 선생님의 눈을 열어 주셔서 어두움에서 빛으로, 사탄의 권세에서 하나님께로 돌아오게 하시고, 죄사함과 예수를 믿어 거룩하게 된 무리 가운데서 기업을 얻게 하옵소서. (사도행전 26:18)

예수님을 믿는 학교 선생님을 위한 기도

우리 주 예수 그리스도의 하나님, 영광의 아버지께서 지혜와 계시의 영을 _____ 선생님에게 주셔서 하나님을 더 깊이 알게 하시고 _____ 선생님의 마음의 눈을 밝히셔서 교사로 부르심의 소망이 무엇인지 알게 하여 주시옵소서. (에베소서 1:17-18)

가정을 위한 중보기도	학교를 위한 중보기도	교회(교회학교와 부서)와 나라를 위한 중보기도

마무리

오늘도 멜렉-왕이신 하나님을 더 깊이 알아 갈 수 있도록
우리의 기도를 이끌어 주신 하나님께 감사와 찬양과 영광을 올려 드리며
예수님의 이름으로 기도드립니다. 아멘.

chapter 8
영원하신 하나님

찬양(8분)

이제 영원하신 하나님을 선포하고 찬양하겠습니다.

| 함께 해요 | 하나님은 시간에 쫓기거나 얽매이지 않으십니다. 하나님은 과거, 현재, 미래까지 영원히 우리와 함께 하시는 분입니다. 이처럼 영원하신 하나님과 영원한 기쁨을 누리길 원합니다. 영원하신 하나님에 관한 말씀을 읽어 봅시다.

- 신명기 33:27 영원하신 하나님이 네 처소가 되시니 그의 영원하신 팔이 네 아래에 있도다 그가 네 앞에서 대적을 쫓으시며 멸하라 하시도다

- 시편 48:14 이 하나님은 영원히 우리 하나님이시니 그가 우리를 죽을 때까지 인도하시리로다

- 시편 90:1-2 주여 주는 대대에 우리의 거처가 되셨나이다 산이 생기기 전, 땅과 세계도 주께서 조성하시기 전 곧 영원부터 영원까지 주는 하나님이시니이다

고백(2-3분)
내가 죄를 품고 있으면 하나님은 나의 기도를 듣지 않으세요. 이 시간은 조용히 나의 죄를 고백하는 기도를 하겠습니다.

만일 내가 죄를 고백하면 하나님께서는 신실하시고 의로우심으로 내 죄를 용서하시고 깨끗하게 하신다고 말씀하셨습니다. 이 말씀대로 나의 죄가 예수님의 보혈로 깨끗하게 씻겼음을 믿습니다. 성령님, 이제 나를 온전히 다스리시고 성령으로 충만하게 해주세요. 또한 구하는 자에게 성령 충만을 주신다는 것을 믿고 감사드립니다.

감사(5분)
이 시간은 하나님이 기도 응답을 해주신 것에 대하여 감사기도 드리겠습니다.

나 _____를 위한 감사	친구 _____를 위한 감사

중보(10분)

이 시간은 다른 사람들(가족, 친구, 선생님, 교회, 학교, 나라)을 위해 기도하겠습니다.

1. 성구기도

성구기도는 성경 말씀으로 하는 기도입니다. 성경 말씀에 이름을 넣어 기도해 봅시다. 먼저 나의 이름을 넣어 선포한 다음, 친구의 이름을 넣어 선포하겠습니다.

"영원하신 하나님이 _____(의) 처소가 되시니 그의 영원하신 팔이 _____ 아래에 있도다 그가 _____ 앞에서 대적을 쫓으시며 멸하라 하시도다"
(신명기 33:27)

2. 구체적인 기도

나 _____를 위한 구체적인 기도 제목	친구 _____를 위한 구체적인 기도 제목

3. 학교 선생님을 위한 성구기도

예수님을 믿지 않는 학교 선생님을 위한 기도

_____ 선생님의 눈을 열어 주셔서 어두움에서 빛으로, 사탄의 권세에서 하나님께로 돌아오게 하시고, 죄사함과 예수를 믿어 거룩하게 된 무리 가운데서 기업을 얻게 하옵소서. (사도행전 26:18)

예수님을 믿는 학교 선생님을 위한 기도

우리 주 예수 그리스도의 하나님, 영광의 아버지께서 지혜와 계시의 영을 _____ 선생님에게 주셔서 하나님을 더 깊이 알게 하시고 _____ 선생님의 마음의 눈을 밝히셔서 교사로 부르심의 소망이 무엇인지 알게 하여 주시옵소서. (에베소서 1:17-18)

가정을 위한 중보기도	학교를 위한 중보기도	교회(교회학교와 부서)와 나라를 위한 중보기도

마무리

오늘도 영원하신 하나님을 더 깊이 알아 갈 수 있도록
우리의 기도를 이끌어 주신 하나님께 감사와 찬양과 영광을 올려 드리며
예수님의 이름으로 기도드립니다. 아멘.

chapter 9
위엄의 하나님

찬양(8분)
이제 위엄의 하나님을 선포하고 찬양하겠습니다.

| 함께 해요 | 세상 만물을 통치하시는 하나님은 만왕의 왕이요, 만주의 주가 되시며, 큰 위엄으로 우리를 구원하신 분입니다. 따라서 하나님의 위엄을 찬양하며 사는 것은 우리에게 커다란 기쁨입니다. 위엄의 하나님에 관한 말씀을 읽어 봅시다.

- 출애굽기 15:11 여호와여 신 중에 주와 같은 자가 누구니이까 주와 같이 거룩함으로 영광스러우며 찬송할 만한 위엄이 있으며 기이한 일을 행하는 자가 누구니이까

- 욥기 25:2 하나님은 주권과 위엄을 가지셨고 높은 곳에서 화평을 베푸시느니라

- 히브리서 1:3 이는 하나님의 영광의 광채시요 그 본체의 형상이시라 그의 능력의 말씀으로 만물을 붙드시며 죄를 정결하게 하는 일을 하시고 높은 곳에 계신 지극히 크신 이의 우편에 앉으셨느니라

고백(2-3분)

내가 죄를 품고 있으면 하나님은 나의 기도를 듣지 않으세요. 이 시간은 조용히 나의 죄를 고백하는 기도를 하겠습니다.

만일 내가 죄를 고백하면 하나님께서는 신실하시고 의로우심으로 내 죄를 용서하시고 깨끗하게 하신다고 말씀하셨습니다. 이 말씀대로 나의 죄가 예수님의 보혈로 깨끗하게 씻겼음을 믿습니다. 성령님, 이제 나를 온전히 다스리시고 성령으로 충만하게 해주세요. 또한 구하는 자에게 성령 충만을 주신다는 것을 믿고 감사드립니다.

감사(5분)

이 시간은 하나님이 기도 응답을 해주신 것에 대하여 감사기도 드리겠습니다.

나 _____를 위한 감사	친구 _____를 위한 감사

중보(10분)
이 시간은 다른 사람들(가족, 친구, 선생님, 교회, 학교, 나라)을 위해 기도하겠습니다.

1. 성구기도

성구기도는 성경 말씀으로 하는 기도입니다. 성경 말씀에 이름을 넣어 기도해 봅시다. 먼저 나의 이름을 넣어 선포한 다음, 친구의 이름을 넣어 선포하겠습니다.

"이는 하나님의 영광의 광채시요 그 본체의 형상이시라 그의 능력의 말씀으로 만물을 붙드시며 _____의 죄를 정결하게 하는 일을 하시고 높은 곳에 계신 지극히 크신 이의 우편에 앉으셨느니라"(히브리서 1:3)

2. 구체적인 기도

나 _____를 위한 구체적인 기도 제목	친구 _____를 위한 구체적인 기도 제목

3. 학교 선생님을 위한 성구기도

예수님을 믿지 않는 학교 선생님을 위한 기도
_____ 선생님의 눈을 열어 주셔서 어두움에서 빛으로, 사탄의 권세에서 하나님께로 돌아오게 하시고, 죄사함과 예수를 믿어 거룩하게 된 무리 가운데서 기업을 얻게 하옵소서. (사도행전 26:18)

예수님을 믿는 학교 선생님을 위한 기도
우리 주 예수 그리스도의 하나님, 영광의 아버지께서 지혜와 계시의 영을 _____ 선생님에게 주셔서 하나님을 더 깊이 알게 하시고 _____ 선생님의 마음의 눈을 밝히셔서 교사로 부르심의 소망이 무엇인지 알게 하여 주시옵소서. (에베소서 1:17-18)

가정을 위한 중보기도	학교를 위한 중보기도	교회(교회학교와 부서)와 나라를 위한 중보기도

마무리
오늘도 위엄의 하나님을 더 깊이 알아 갈 수 있도록
우리의 기도를 이끌어 주신 하나님께 감사와 찬양과 영광을 올려 드리며
예수님의 이름으로 기도드립니다. 아멘.

chapter 10
승리의 하나님

찬양(8분)
이제 승리의 하나님을 선포하고 찬양하겠습니다.

| 함께 해요 | 우리는 이미 주님께서 이겨 놓으신 싸움을 하고 있습니다. 그러므로 영적 전쟁에서 누가 승리할지 조금도 염려할 필요가 없습니다. 승리는 우리의 것입니다. 승리의 하나님에 관한 말씀을 읽어 봅시다.

- **신명기 20:3-4** 말하여 이르기를 이스라엘아 들으라 너희가 오늘 너희의 대적과 싸우려고 나아왔으니 마음에 겁내지 말며 두려워하지 말며 떨지 말며 그들로 말미암아 놀라지 말라 너희 하나님 여호와는 너희와 함께 행하시며 너희를 위하여 너희 적군과 싸우시고 구원하실 것이라 할 것이며

- **사무엘상 2:9** 그가 그의 거룩한 자들의 발을 지키실 것이요 악인들을 흑암 중에서 잠잠하게 하시리니 힘으로는 이길 사람이 없음이로다

- **역대상 29:11** 여호와여 위대하심과 권능과 영광과 승리와 위엄이 다 주께 속하였사오니 천지에 있는 것이 다 주의 것이로소이다 여호와여 주권도 주께 속하였사오니 주는 높으사 만물의 머리이심이니이다

고백(2-3분)

내가 죄를 품고 있으면 하나님은 나의 기도를 듣지 않으세요. 이 시간은 조용히 나의 죄를 고백하는 기도를 하겠습니다.

만일 내가 죄를 고백하면 하나님께서는 신실하시고 의로우심으로 내 죄를 용서하시고 깨끗하게 하신다고 말씀하셨습니다. 이 말씀대로 나의 죄가 예수님의 보혈로 깨끗하게 씻겼음을 믿습니다. 성령님, 이제 나를 온전히 다스리시고 성령으로 충만하게 해주세요. 또한 구하는 자에게 성령 충만을 주신다는 것을 믿고 감사드립니다.

감사(5분)

이 시간은 하나님이 기도 응답을 해주신 것에 대하여 감사기도 드리겠습니다.

나 _____를 위한 감사	친구 _____를 위한 감사

중보(10분)

이 시간은 다른 사람들(가족, 친구, 선생님, 교회, 학교, 나라)을 위해 기도하겠습니다.

1. 성구기도

성구기도는 성경 말씀으로 하는 기도입니다. 성경 말씀에 이름을 넣어 기도해 봅시다. 먼저 나의 이름을 넣어 선포한 다음, 친구의 이름을 넣어 선포하겠습니다.

"_____이(가) 오늘 _____의 대적과 싸우려고 나아왔으니 마음에 겁내지 말며 두려워하지 말며 떨지 말며 그들로 말미암아 놀라지 말라 _____의 하나님 여호와는 _____과(와) 함께 행하시며 _____을(를) 위하여 너희 적군과 싸우시고 구원하실 것이라 할 것이며"(신명기 20:3-4)

2. 구체적인 기도

나 _____를 위한 구체적인 기도 제목	친구 _____를 위한 구체적인 기도 제목

3. 학교 선생님을 위한 성구기도

예수님을 믿지 않는 학교 선생님을 위한 기도

_____ 선생님의 눈을 열어 주셔서 어두움에서 빛으로, 사탄의 권세에서 하나님께로 돌아오게 하시고, 죄사함과 예수를 믿어 거룩하게 된 무리 가운데서 기업을 얻게 하옵소서. (사도행전 26:18)

예수님을 믿는 학교 선생님을 위한 기도

우리 주 예수 그리스도의 하나님, 영광의 아버지께서 지혜와 계시의 영을 _____ 선생님에게 주셔서 하나님을 더 깊이 알게 하시고 _____ 선생님의 마음의 눈을 밝히셔서 교사로 부르심의 소망이 무엇인지 알게 하여 주시옵소서. (에베소서 1:17-18)

가정을 위한 중보기도	학교를 위한 중보기도	교회(교회학교와 부서)와 나라를 위한 중보기도

마무리

오늘도 승리의 하나님을 더 깊이 알아 갈 수 있도록
우리의 기도를 이끌어 주신 하나님께 감사와 찬양과 영광을 올려 드리며
예수님의 이름으로 기도드립니다. 아멘.

chapter 11
싸우시는 하나님

찬양(8분)
이제 싸우시는 하나님을 선포하고 찬양하겠습니다.

| 함께 해요 | 악의 세력이 사방에서 우리를 공격하고 있습니다. 하지만 우리를 위하여 싸우시고 그 어떤 견고한 진도 무너뜨리시는 하나님을 의지하며 오직 말씀에 순종함으로 매일매일 하나님의 구원하심을 경험합시다. 싸우시는 하나님에 관한 말씀을 읽어 봅시다.

- **출애굽기 14:13-14** 모세가 백성에게 이르되 너희는 두려워하지 말고 가만히 서서 여호와께서 오늘 너희를 위하여 행하시는 구원을 보라 너희가 오늘 본 애굽 사람을 영원히 다시 보지 아니하리라 여호와께서 너희를 위하여 싸우시리니 너희는 가만히 있을지니라

- **신명기 3:22** 너희는 그들을 두려워하지 말라 너희의 하나님 여호와께서 친히 너희를 위하여 싸우시리라 하였노라

- **신명기 20:3-4** 말하여 이르기를 이스라엘아 들으라 너희가 오늘 너희의 대적과 싸우려고 나아왔으니 마음에 겁내지 말며 두려워하지 말며 떨지 말며 그들로 말미암아 놀라지 말라 너희 하나님 여호와는 너희와 함께 행하시며 너희를 위하여 너희 적군과 싸우시고 구원하실 것이라 할 것이며

고백(2-3분)
내가 죄를 품고 있으면 하나님은 나의 기도를 듣지 않으세요. 이 시간은 조용히 나의 죄를 고백하는 기도를 하겠습니다.

만일 내가 죄를 고백하면 하나님께서는 신실하시고 의로우심으로 내 죄를 용서하시고 깨끗하게 하신다고 말씀하셨습니다. 이 말씀대로 나의 죄가 예수님의 보혈로 깨끗하게 씻겼음을 믿습니다. 성령님, 이제 나를 온전히 다스리시고 성령으로 충만하게 해주세요. 또한 구하는 자에게 성령 충만을 주신다는 것을 믿고 감사드립니다.

감사(5분)
이 시간은 하나님이 기도 응답을 해주신 것에 대하여 감사기도 드리겠습니다.

나 _____를 위한 감사	친구 _____를 위한 감사

중보(10분)

이 시간은 다른 사람들(가족, 친구, 선생님, 교회, 학교, 나라)을 위해 기도하겠습니다.

1. 성구기도

성구기도는 성경 말씀으로 하는 기도입니다. 성경 말씀에 이름을 넣어 기도해 봅시다. 먼저 나의 이름을 넣어 선포한 다음, 친구의 이름을 넣어 선포하겠습니다.

"_____은(는) 그들을 두려워하지 말라 _____의 하나님 여호와께서 친히 _____을(를) 위하여 싸우시리라 하였노라"(신명기 3:22)

2. 구체적인 기도

나 _____를 위한 구체적인 기도 제목	친구 _____를 위한 구체적인 기도 제목

3. 학교 선생님을 위한 성구기도

예수님을 믿지 않는 학교 선생님을 위한 기도

_____ 선생님의 눈을 열어 주셔서 어두움에서 빛으로, 사탄의 권세에서 하나님께로 돌아오게 하시고, 죄사함과 예수를 믿어 거룩하게 된 무리 가운데서 기업을 얻게 하옵소서. (사도행전 26:18)

예수님을 믿는 학교 선생님을 위한 기도

우리 주 예수 그리스도의 하나님, 영광의 아버지께서 지혜와 계시의 영을 _____ 선생님에게 주셔서 하나님을 더 깊이 알게 하시고 _____ 선생님의 마음의 눈을 밝히셔서 교사로 부르심의 소망이 무엇인지 알게 하여 주시옵소서. (에베소서 1:17-18)

가정을 위한 중보기도	학교를 위한 중보기도	교회(교회학교와 부서)와 나라를 위한 중보기도

마무리

오늘도 싸우시는 하나님을 더 깊이 알아 갈 수 있도록
우리의 기도를 이끌어 주신 하나님께 감사와 찬양과 영광을 올려 드리며
예수님의 이름으로 기도드립니다. 아멘.

chapter 12
구속자 되시는 하나님

찬양(8분)
이제 구속자 되시는 하나님을 선포하고 찬양하겠습니다.

| 함께 해요 | 예수님께서는 우리의 구속자가 되어 주셔서 사탄으로부터 우리를 구하시고 죄악된 삶에서 우리를 자유롭게 하셨습니다. 매일의 생활 가운데 구속자이신 주님을 믿음으로 바라봅시다. 구속자 되시는 하나님에 관한 말씀을 읽어 봅시다.

• 욥기 5:20 기근 때에 죽음에서, 전쟁 때에 칼의 위협에서 너를 구원하실 터인즉

• 이사야 43:1 야곱아 너를 창조하신 여호와께서 지금 말씀하시느니라 이스라엘아 너를 지으신 이가 말씀하시느니라 너는 두려워하지 말라 내가 너를 구속하였고 내가 너를 지명하여 불렀나니 너는 내 것이라

• 디도서 2:14 그가 우리를 대신하여 자신을 주심은 모든 불법에서 우리를 속량하시고 우리를 깨끗하게 하사 선한 일을 열심히 하는 자기 백성이 되게 하려 하심이라

고백(2-3분)

내가 죄를 품고 있으면 하나님은 나의 기도를 듣지 않으세요. 이 시간은 조용히 나의 죄를 고백하는 기도를 하겠습니다.

만일 내가 죄를 고백하면 하나님께서는 신실하시고 의로우심으로 내 죄를 용서하시고 깨끗하게 하신다고 말씀하셨습니다. 이 말씀대로 나의 죄가 예수님의 보혈로 깨끗하게 씻겼음을 믿습니다. 성령님, 이제 나를 온전히 다스리시고 성령으로 충만하게 해주세요. 또한 구하는 자에게 성령 충만을 주신다는 것을 믿고 감사드립니다.

감사(5분)

이 시간은 하나님이 기도 응답을 해주신 것에 대하여 감사기도 드리겠습니다.

나 _____를 위한 감사	친구 _____를 위한 감사

중보(10분)

이 시간은 다른 사람들(가족, 친구, 선생님, 교회, 학교, 나라)을 위해 기도하겠습니다.

1. 성구기도

성구기도는 성경 말씀으로 하는 기도입니다. 성경 말씀에 이름을 넣어 기도해 봅시다. 먼저 나의 이름을 넣어 선포한 다음, 친구의 이름을 넣어 선포하겠습니다.

"그가 _____ 를(을) 대신하여 자신을 주심은 모든 불법에서 _____ 를(을) 속량하시고 _____ 를(을) 깨끗하게 하사 선한 일을 열심히 하는 자기 백성이 되게 하려 하심이라"(디도서 2:14)

2. 구체적인 기도

나 _____ 를 위한 구체적인 기도 제목	친구 _____ 를 위한 구체적인 기도 제목

3. 학교 선생님을 위한 성구기도

예수님을 믿지 않는 학교 선생님을 위한 기도

＿＿＿＿＿＿ 선생님의 눈을 열어 주셔서 어두움에서 빛으로, 사탄의 권세에서 하나님께로 돌아오게 하시고, 죄사함과 예수를 믿어 거룩하게 된 무리 가운데서 기업을 얻게 하옵소서. (사도행전 26:18)

예수님을 믿는 학교 선생님을 위한 기도

우리 주 예수 그리스도의 하나님, 영광의 아버지께서 지혜와 계시의 영을 ＿＿＿＿＿＿ 선생님에게 주셔서 하나님을 더 깊이 알게 하시고 ＿＿＿＿＿＿ 선생님의 마음의 눈을 밝히셔서 교사로 부르심의 소망이 무엇인지 알게 하여 주시옵소서. (에베소서 1:17-18)

가정을 위한 중보기도	학교를 위한 중보기도	교회(교회학교와 부서)와 나라를 위한 중보기도

마무리

오늘도 구속자 되시는 하나님을 더 깊이 알아 갈 수 있도록
우리의 기도를 이끌어 주신 하나님께 감사와 찬양과 영광을 올려 드리며
예수님의 이름으로 기도드립니다. 아멘.

chapter 13
여호와 메카디쉬켐: 거룩하게 하시는 하나님

찬양(8분)
이제 여호와 메카디쉬켐-거룩하게 하시는 하나님을 선포하고 찬양하겠습니다.

| 함께 해요 | '거룩하게 되었다'라는 말은 거룩한 용도를 위하여 구별되었음을 의미합니다. 날마다 거룩한 삶을 살도록 우리에게 거룩한 능력을 주시는 성령님의 도우심을 구하며 기도합시다. 거룩하게 하시는 하나님에 관한 말씀을 읽어 봅시다.

- **출애굽기 31:12-13** 여호와께서 모세에게 말씀하여 이르시되 너는 이스라엘 자손에게 말하여 이르기를 너희는 나의 안식일을 지키라 이는 나와 너희 사이에 너희 대대의 표징이니 나는 너희를 거룩하게 하는 여호와인 줄 너희가 알게 함이라

- **레위기 20:7-8** 너희는 스스로 깨끗하게 하여 거룩할지어다 나는 너희의 하나님 여호와이니라 너희는 내 규례를 지켜 행하라 나는 너희를 거룩하게 하는 여호와이니라

- **레위기 20:26** 너희는 나에게 거룩할지어다 이는 나 여호와가 거룩하고 내가 또 너희를 나의 소유로 삼으려고 너희를 만민 중에서 구별하였음이니라

고백(2-3분)

내가 죄를 품고 있으면 하나님은 나의 기도를 듣지 않으세요. 이 시간은 조용히 나의 죄를 고백하는 기도를 하겠습니다.

만일 내가 죄를 고백하면 하나님께서는 신실하시고 의로우심으로 내 죄를 용서하시고 깨끗하게 하신다고 말씀하셨습니다. 이 말씀대로 나의 죄가 예수님의 보혈로 깨끗하게 씻겼음을 믿습니다. 성령님, 이제 나를 온전히 다스리시고 성령으로 충만하게 해주세요. 또한 구하는 자에게 성령 충만을 주신다는 것을 믿고 감사드립니다.

감사(5분)

이 시간은 하나님이 기도 응답을 해주신 것에 대하여 감사기도 드리겠습니다.

나 _____를 위한 감사	친구 _____를 위한 감사

중보(10분)
이 시간은 다른 사람들(가족, 친구, 선생님, 교회, 학교, 나라)을 위해 기도하겠습니다.

1. 성구기도

   성구기도는 성경 말씀으로 하는 기도입니다. 성경 말씀에 이름을 넣어 기도해 봅시다. 먼저 나의 이름을 넣어 선포한 다음, 친구의 이름을 넣어 선포하겠습니다.

   "_____은(는) 스스로 깨끗하게 하여 거룩할지어다 나는 _____의 하나님 여호와이니라 _____은(는) 내 규례를 지켜 행하라 나는 _____을(를) 거룩하게 하는 여호와이니라"(레위기 20:7-8)

2. 구체적인 기도

나 _____를 위한 구체적인 기도 제목	친구 _____를 위한 구체적인 기도 제목

3. 학교 선생님을 위한 성구기도

예수님을 믿지 않는 학교 선생님을 위한 기도

_____ 선생님의 눈을 열어 주셔서 어두움에서 빛으로, 사탄의 권세에서 하나님께로 돌아오게 하시고, 죄사함과 예수를 믿어 거룩하게 된 무리 가운데서 기업을 얻게 하옵소서. (사도행전 26:18)

예수님을 믿는 학교 선생님을 위한 기도

우리 주 예수 그리스도의 하나님, 영광의 아버지께서 지혜와 계시의 영을 _____ 선생님에게 주셔서 하나님을 더 깊이 알게 하시고 _____ 선생님의 마음의 눈을 밝히셔서 교사로 부르심의 소망이 무엇인지 알게 하여 주시옵소서. (에베소서 1:17-18)

가정을 위한 중보기도	학교를 위한 중보기도	교회(교회학교와 부서)와 나라를 위한 중보기도

마무리

오늘도 여호와 메카디쉬켐-거룩하게 하시는 하나님을 더 깊이 알아 갈 수 있도록 우리의 기도를 이끌어 주신 하나님께 감사와 찬양과 영광을 올려 드리며 예수님의 이름으로 기도드립니다. 아멘.

chapter 14
여호와:
스스로 존재하시는 하나님

 **찬양**(8분)
이제 여호와-스스로 존재하시는 하나님을 선포하고 찬양하겠습니다.

| 함께 해요 | '여호와'는 구약성경에서 가장 많이 사용되는 이름입니다. 오늘날 우리를 위한 축복의 이름인 여호와는 영원히 스스로 존재하시는 알파(처음)요, 오메가(마지막)이십니다. 스스로 존재하시는 하나님에 관한 말씀을 읽어 봅시다.

- **출애굽기 3:13-15** 모세가 하나님께 아뢰되 내가 이스라엘 자손에게 가서 이르기를 너희의 조상의 하나님이 나를 너희에게 보내셨다 하면 그들이 내게 묻기를 그의 이름이 무엇이냐 하리니 내가 무엇이라고 그들에게 말하리이까 하나님이 모세에게 이르시되 나는 스스로 있는 자이니라 또 이르시되 너는 이스라엘 자손에게 이같이 이르기를 스스로 있는 자가 나를 너희에게 보내셨다 하라 하나님이 또 모세에게 이르시되 너는 이스라엘 자손에게 이같이 이르기를 너희 조상의 하나님 여호와 곧 아브라함의 하나님, 이삭의 하나님, 야곱의 하나님께서 나를 너희에게 보내셨다 하라 이는 나의 영원한 이름이요 대대로 기억할 나의 칭호니라

- **요한복음 8:58** 예수께서 이르시되 진실로 진실로 너희에게 이르노니 아브라함이 나기 전부터 내가 있느니라 하시니

고백(2-3분)

내가 죄를 품고 있으면 하나님은 나의 기도를 듣지 않으세요. 이 시간은 조용히 나의 죄를 고백하는 기도를 하겠습니다.

만일 내가 죄를 고백하면 하나님께서는 신실하시고 의로우심으로 내 죄를 용서하시고 깨끗하게 하신다고 말씀하셨습니다. 이 말씀대로 나의 죄가 예수님의 보혈로 깨끗하게 씻겼음을 믿습니다. 성령님, 이제 나를 온전히 다스리시고 성령으로 충만하게 해주세요. 또한 구하는 자에게 성령 충만을 주신다는 것을 믿고 감사드립니다.

감사(5분)

이 시간은 하나님이 기도 응답을 해주신 것에 대하여 감사기도 드리겠습니다.

나 _____ 를 위한 감사	친구 _____ 를 위한 감사

중보 (10분)
이 시간은 다른 사람들(가족, 친구, 선생님, 교회, 학교, 나라)을 위해 기도하겠습니다.

1. 성구기도

성구기도는 성경 말씀으로 하는 기도입니다. 성경 말씀에 이름을 넣어 기도해 봅시다. 먼저 나의 이름을 넣어 선포한 다음, 친구의 이름을 넣어 선포하겠습니다.

"아브라함의 하나님, 이삭의 하나님, 야곱의 하나님께서 나를 _____에게 보내셨다 하라 이는 나의 영원한 이름이요 대대로 기억할 나의 칭호니라"
(출애굽기 3:15)

2. 구체적인 기도

나 _____를 위한 구체적인 기도 제목	친구 _____를 위한 구체적인 기도 제목

3. 학교 선생님을 위한 성구기도

예수님을 믿지 않는 학교 선생님을 위한 기도

_____ 선생님의 눈을 열어 주셔서 어두움에서 빛으로, 사탄의 권세에서 하나님께로 돌아오게 하시고, 죄사함과 예수를 믿어 거룩하게 된 무리 가운데서 기업을 얻게 하옵소서. (사도행전 26:18)

예수님을 믿는 학교 선생님을 위한 기도

우리 주 예수 그리스도의 하나님, 영광의 아버지께서 지혜와 계시의 영을 _____ 선생님에게 주셔서 하나님을 더 깊이 알게 하시고 _____ 선생님의 마음의 눈을 밝히셔서 교사로 부르심의 소망이 무엇인지 알게 하여 주시옵소서. (에베소서 1:17-18)

가정을 위한 중보기도	학교를 위한 중보기도	교회(교회학교와 부서)와 나라를 위한 중보기도

마무리

오늘도 여호와-스스로 존재하시는 하나님을 더 깊이 알아 갈 수 있도록
우리의 기도를 이끌어 주신 하나님께 감사와 찬양과 영광을 올려 드리며
예수님의 이름으로 기도드립니다. 아멘.

chapter 15
여호와 추리: 반석이신 하나님

찬양(8분)

이제 여호와 추리-반석이신 하나님을 선포하고 찬양하겠습니다.

| 함께 해요 | '반석'은 우리를 향한 하나님의 사랑과 구원하심이 영원히 변하지 않는다는 것과 하나님이 보호해 주시는 것과 반드시 약속을 지키신다는 것을 잘 나타내는 말입니다. 반석이신 하나님에 관한 말씀을 읽어 봅시다.

- 사무엘하 22:2-4 이르되 여호와는 나의 반석이시요 나의 요새시요 나를 위하여 나를 건지시는 자시요 내가 피할 나의 반석의 하나님이시요 나의 방패시요 나의 구원의 뿔이시요 나의 높은 망대시요 그에게 피할 나의 피난처시요 나의 구원자시라 나를 폭력에서 구원하셨도다 내가 찬송 받으실 여호와께 아뢰리니 내 원수들에게서 구원을 받으리로다

- 시편 144:1-3 나의 반석이신 여호와를 찬송하리로다 그가 내 손을 가르쳐 싸우게 하시며 손가락을 가르쳐 전쟁하게 하시는도다 여호와는 나의 사랑이시요 나의 요새이시요 나의 산성이시요 나를 건지시는 이시요 나의 방패이시니 내가 그에게 피하였고 그가 내 백성을 내게 복종하게 하셨나이다 여호와여 사람이 무엇이기에 주께서 그를 알아 주시며 인생이 무엇이기에 그를 생각하시나이까

고백(2-3분)

내가 죄를 품고 있으면 하나님은 나의 기도를 듣지 않으세요. 이 시간은 조용히 나의 죄를 고백하는 기도를 하겠습니다.

만일 내가 죄를 고백하면 하나님께서는 신실하시고 의로우심으로 내 죄를 용서하시고 깨끗하게 하신다고 말씀하셨습니다. 이 말씀대로 나의 죄가 예수님의 보혈로 깨끗하게 씻겼음을 믿습니다. 성령님, 이제 나를 온전히 다스리시고 성령으로 충만하게 해주세요. 또한 구하는 자에게 성령 충만을 주신다는 것을 믿고 감사드립니다.

감사(5분)

이 시간은 하나님이 기도 응답을 해주신 것에 대하여 감사기도 드리겠습니다.

나 _____를 위한 감사	친구 _____를 위한 감사

중보 (10분)

이 시간은 다른 사람들(가족, 친구, 선생님, 교회, 학교, 나라)을 위해 기도하겠습니다.

1. 성구기도

    성구기도는 성경 말씀으로 하는 기도입니다. 성경 말씀에 이름을 넣어 기도해 봅시다. 먼저 나의 이름을 넣어 선포한 다음, 친구의 이름을 넣어 선포하겠습니다.

    "이르되 여호와는 _____의 반석이시요 _____의 요새시요 _____을(를) 위하여 _____을(를) 건지시는 자시요"(사무엘하 22:2)

2. 구체적인 기도

나 _____를 위한 구체적인 기도 제목	친구 _____를 위한 구체적인 기도 제목

3. 학교 선생님을 위한 성구기도

예수님을 믿지 않는 학교 선생님을 위한 기도

_____ 선생님의 눈을 열어 주셔서 어두움에서 빛으로, 사탄의 권세에서 하나님께로 돌아오게 하시고, 죄사함과 예수를 믿어 거룩하게 된 무리 가운데서 기업을 얻게 하옵소서. (사도행전 26:18)

예수님을 믿는 학교 선생님을 위한 기도

우리 주 예수 그리스도의 하나님, 영광의 아버지께서 지혜와 계시의 영을 _____ 선생님에게 주셔서 하나님을 더 깊이 알게 하시고 _____ 선생님의 마음의 눈을 밝히셔서 교사로 부르심의 소망이 무엇인지 알게 하여 주시옵소서. (에베소서 1:17-18)

가정을 위한 중보기도	학교를 위한 중보기도	교회(교회학교와 부서)와 나라를 위한 중보기도

마무리

오늘도 여호와 추리-반석이신 하나님을 더 깊이 알아 갈 수 있도록
우리의 기도를 이끌어 주신 하나님께 감사와 찬양과 영광을 올려 드리며
예수님의 이름으로 기도드립니다. 아멘.

chapter 16
선하신 하나님

 **찬양**(8분)
이제 선하신 하나님을 선포하고 찬양하겠습니다.

| **함께 해요** | 하나님은 본질적으로 완전하게 선하신 분입니다. 선하신 주님께 피하는 자는 복이 있습니다. 주님께 나아가 죄를 고백하고 용서받음으로 주님의 선하심을 맛보고 경험합시다. 선하신 하나님에 관한 말씀을 읽어 봅시다.

- 시편 69:16 여호와여 주의 인자하심이 선하시오니 내게 응답하시며 주의 많은 긍휼에 따라 내게로 돌이키소서

- 시편 86:5 주는 선하사 사죄하기를 즐거워하시며 주께 부르짖는 자에게 인자함이 후하심이니이다

- 시편 119:68 주는 선하사 선을 행하시오니 주의 율례들로 나를 가르치소서

고백(2-3분)
내가 죄를 품고 있으면 하나님은 나의 기도를 듣지 않으세요. 이 시간은 조용히 나의 죄를 고백하는 기도를 하겠습니다.

만일 내가 죄를 고백하면 하나님께서는 신실하시고 의로우심으로 내 죄를 용서하시고 깨끗하게 하신다고 말씀하셨습니다. 이 말씀대로 나의 죄가 예수님의 보혈로 깨끗하게 씻겼음을 믿습니다. 성령님, 이제 나를 온전히 다스리시고 성령으로 충만하게 해주세요. 또한 구하는 자에게 성령 충만을 주신다는 것을 믿고 감사드립니다.

감사(5분)
이 시간은 하나님이 기도 응답을 해주신 것에 대하여 감사기도 드리겠습니다.

나 _____를 위한 감사	친구 _____를 위한 감사

중보(10분)
이 시간은 다른 사람들(가족, 친구, 선생님, 교회, 학교, 나라)을 위해 기도하겠습니다.

1. 성구기도

성구기도는 성경 말씀으로 하는 기도입니다. 성경 말씀에 이름을 넣어 기도해 봅시다. 먼저 나의 이름을 넣어 선포한 다음, 친구의 이름을 넣어 선포하겠습니다.

"주는 선하사 선을 행하시오니 주의 율례들로 _____을(를) 가르치소서"
(시편 119:68)

2. 구체적인 기도

나 _____를 위한 구체적인 기도 제목	친구 _____를 위한 구체적인 기도 제목

3. 학교 선생님을 위한 성구기도

예수님을 믿지 않는 학교 선생님을 위한 기도

＿＿＿＿＿ 선생님의 눈을 열어 주셔서 어두움에서 빛으로, 사탄의 권세에서 하나님께로 돌아오게 하시고, 죄사함과 예수를 믿어 거룩하게 된 무리 가운데서 기업을 얻게 하옵소서. (사도행전 26:18)

예수님을 믿는 학교 선생님을 위한 기도

우리 주 예수 그리스도의 하나님, 영광의 아버지께서 지혜와 계시의 영을 ＿＿＿＿＿ 선생님에게 주셔서 하나님을 더 깊이 알게 하시고 ＿＿＿＿＿ 선생님의 마음의 눈을 밝히셔서 교사로 부르심의 소망이 무엇인지 알게 하여 주시옵소서. (에베소서 1:17-18)

가정을 위한 중보기도	학교를 위한 중보기도	교회(교회학교와 부서)와 나라를 위한 중보기도

마무리

오늘도 선하신 하나님을 더 깊이 알아 갈 수 있도록
우리의 기도를 이끌어 주신 하나님께 감사와 찬양과 영광을 올려 드리며
예수님의 이름으로 기도드립니다. 아멘.

chapter 17
의뢰할 분이신 하나님

찬양(8분)
이제 의뢰할 분이신 하나님을 선포하고 찬양하겠습니다.

| 함께 해요 | '신뢰', '의뢰'란 어떤 사람이나 대상에 대한 믿음을 뜻합니다. 우리는 하나님의 말씀을 통해 하나님을 더욱 신뢰하도록 하는 지식과 이해를 갖게 됩니다. 하나님을 신뢰한다는 것은 하나님을 조금도 의심하지 않고 확실하게 믿고 의지한다는 뜻입니다. 의뢰할 분이신 하나님에 관한 말씀을 읽어 봅시다.

- 시편 37:3-6 여호와를 의뢰하고 선을 행하라 땅에 머무는 동안 그의 성실을 먹을 거리로 삼을지어다 또 여호와를 기뻐하라 그가 네 마음의 소원을 네게 이루어 주시리로다 네 길을 여호와께 맡기라 그를 의지하면 그가 이루시고 네 의를 빛같이 나타내시며 네 공의를 정오의 빛같이 하시리로다

- 잠언 3:5-6 너는 마음을 다하여 여호와를 신뢰하고 네 명철을 의지하지 말라 너는 범사에 그를 인정하라 그리하면 네 길을 지도하시리라

- 잠언 28:25 욕심이 많은 자는 다툼을 일으키나 여호와를 의지하는 자는 풍족하게 되느니라

고백(2-3분)

내가 죄를 품고 있으면 하나님은 나의 기도를 듣지 않으세요. 이 시간은 조용히 나의 죄를 고백하는 기도를 하겠습니다.

만일 내가 죄를 고백하면 하나님께서는 신실하시고 의로우심으로 내 죄를 용서하시고 깨끗하게 하신다고 말씀하셨습니다. 이 말씀대로 나의 죄가 예수님의 보혈로 깨끗하게 씻겼음을 믿습니다. 성령님, 이제 나를 온전히 다스리시고 성령으로 충만하게 해주세요. 또한 구하는 자에게 성령 충만을 주신다는 것을 믿고 감사드립니다.

감사(5분)

이 시간은 하나님이 기도 응답을 해주신 것에 대하여 감사기도 드리겠습니다.

나 _____를 위한 감사	친구 _____를 위한 감사

중보(10분)

이 시간은 다른 사람들(가족, 친구, 선생님, 교회, 학교, 나라)을 위해 기도하겠습니다.

1. 성구기도

성구기도는 성경 말씀으로 하는 기도입니다. 성경 말씀에 이름을 넣어 기도해 봅시다. 먼저 나의 이름을 넣어 선포한 다음, 친구의 이름을 넣어 선포하겠습니다.

"_____은(는) 마음을 다하여 여호와를 신뢰하고 네 명철을 의지하지 말라 _____은(는) 범사에 그를 인정하라 그리하면 네 길을 지도하시리라"
(잠언 3:5-6)

2. 구체적인 기도

나 _____를 위한 구체적인 기도 제목	친구 _____를 위한 구체적인 기도 제목

3. 학교 선생님을 위한 성구기도

예수님을 믿지 않는 학교 선생님을 위한 기도

_____ 선생님의 눈을 열어 주셔서 어두움에서 빛으로, 사탄의 권세에서 하나님께로 돌아오게 하시고, 죄사함과 예수를 믿어 거룩하게 된 무리 가운데서 기업을 얻게 하옵소서. (사도행전 26:18)

예수님을 믿는 학교 선생님을 위한 기도

우리 주 예수 그리스도의 하나님, 영광의 아버지께서 지혜와 계시의 영을 _____ 선생님에게 주셔서 하나님을 더 깊이 알게 하시고 _____ 선생님의 마음의 눈을 밝히셔서 교사로 부르심의 소망이 무엇인지 알게 하여 주시옵소서. (에베소서 1:17-18)

가정을 위한 중보기도	학교를 위한 중보기도	교회(교회학교와 부서)와 나라를 위한 중보기도

마무리

오늘도 의뢰할 분이신 하나님을 더 깊이 알아 갈 수 있도록
우리의 기도를 이끌어 주신 하나님께 감사와 찬양과 영광을 올려 드리며
예수님의 이름으로 기도드립니다. 아멘.

chapter 18
기쁨 되시는 하나님

찬양(8분)

이제 기쁨 되시는 하나님을 선포하고 찬양하겠습니다.

| 함께 해요 | 하나님은 하나님을 믿고 구하는 우리에게 충만한 기쁨을 약속하셨습니다. 하나님은 우리가 기뻐하기를 원하시며, 항상 기뻐하라고 말씀하십니다. 기쁨으로 하나님을 찬양합시다. 기쁨 되시는 하나님에 관한 말씀을 읽어 봅시다.

- 이사야 35:10 여호와의 속량함을 받은 자들이 돌아오되 노래하며 시온에 이르러 그들의 머리 위에 영영한 희락을 띠고 기쁨과 즐거움을 얻으리니 슬픔과 탄식이 사라지리로다

- 요한복음 16:24 지금까지는 너희가 내 이름으로 아무것도 구하지 아니하였으나 구하라 그리하면 받으리니 너희 기쁨이 충만하리라

- 빌립보서 4:4 주 안에서 항상 기뻐하라 내가 다시 말하노니 기뻐하라

고백(2-3분)
내가 죄를 품고 있으면 하나님은 나의 기도를 듣지 않으세요. 이 시간은 조용히 나의 죄를 고백하는 기도를 하겠습니다.

만일 내가 죄를 고백하면 하나님께서는 신실하시고 의로우심으로 내 죄를 용서하시고 깨끗하게 하신다고 말씀하셨습니다. 이 말씀대로 나의 죄가 예수님의 보혈로 깨끗하게 씻겼음을 믿습니다. 성령님, 이제 나를 온전히 다스리시고 성령으로 충만하게 해주세요. 또한 구하는 자에게 성령 충만을 주신다는 것을 믿고 감사드립니다.

감사(5분)
이 시간은 하나님이 기도 응답을 해주신 것에 대하여 감사기도 드리겠습니다.

나 _____를 위한 감사	친구 _____를 위한 감사

중보(10분)
이 시간은 다른 사람들(가족, 친구, 선생님, 교회, 학교, 나라)을 위해 기도하겠습니다.

1. 성구기도

   성구기도는 성경 말씀으로 하는 기도입니다. 성경 말씀에 이름을 넣어 기도해 봅시다. 먼저 나의 이름을 넣어 선포한 다음, 친구의 이름을 넣어 선포하겠습니다.

   "지금까지는 _____이(가) 내 이름으로 아무것도 구하지 아니하였으나 구하라 그리하면 받으리니 _____의 기쁨이 충만하리라"(요한복음 16:24)

2. 구체적인 기도

나 _____를 위한 구체적인 기도 제목	친구 _____를 위한 구체적인 기도 제목

3. 학교 선생님을 위한 성구기도

예수님을 믿지 않는 학교 선생님을 위한 기도

_____ 선생님의 눈을 열어 주셔서 어두움에서 빛으로, 사탄의 권세에서 하나님께로 돌아오게 하시고, 죄사함과 예수를 믿어 거룩하게 된 무리 가운데서 기업을 얻게 하옵소서. (사도행전 26:18)

예수님을 믿는 학교 선생님을 위한 기도

우리 주 예수 그리스도의 하나님, 영광의 아버지께서 지혜와 계시의 영을 _____ 선생님에게 주셔서 하나님을 더 깊이 알게 하시고 _____ 선생님의 마음의 눈을 밝히셔서 교사로 부르심의 소망이 무엇인지 알게 하여 주시옵소서. (에베소서 1:17-18)

가정을 위한 중보기도	학교를 위한 중보기도	교회(교회학교와 부서)와 나라를 위한 중보기도

마무리

오늘도 기쁨 되시는 하나님을 더 깊이 알아 갈 수 있도록
우리의 기도를 이끌어 주신 하나님께 감사와 찬양과 영광을 올려 드리며
예수님의 이름으로 기도드립니다. 아멘.

chapter 19
기적을 행하시는 하나님

찬양(8분)

이제 기적을 행하시는 하나님을 선포하고 찬양하겠습니다.

| 함께 해요 | 말씀으로 천지를 창조하신 하나님께 불가능한 일은 없습니다. 하나님의 능력을 믿는 자에게는 못할 일이 없다고 말씀하신 하나님은 오늘도 '기이한 일', 즉 '기적'을 행하시는 분입니다. 기적을 행하시는 하나님에 관한 말씀을 읽어 봅시다.

- **요한복음 20:30-31** 예수께서 제자들 앞에서 이 책에 기록되지 아니한 다른 표적도 많이 행하셨으나 오직 이것을 기록함은 너희로 예수께서 하나님의 아들 그리스도이심을 믿게 하려 함이요 또 너희로 믿고 그 이름을 힘입어 생명을 얻게 하려 함이니라

- **역대상 16:8-9** 너희는 여호와께 감사하며 그의 이름을 불러 아뢰며 그가 행하신 일을 만민 중에 알릴지어다 그에게 노래하며 그를 찬양하고 그의 모든 기사를 전할지어다

- **시편 77:14** 주는 기이한 일을 행하신 하나님이시라 민족들 중에 주의 능력을 알리시고

고백(2-3분)
내가 죄를 품고 있으면 하나님은 나의 기도를 듣지 않으세요. 이 시간은 조용히 나의 죄를 고백하는 기도를 하겠습니다.

만일 내가 죄를 고백하면 하나님께서는 신실하시고 의로우심으로 내 죄를 용서하시고 깨끗하게 하신다고 말씀하셨습니다. 이 말씀대로 나의 죄가 예수님의 보혈로 깨끗하게 씻겼음을 믿습니다. 성령님, 이제 나를 온전히 다스리시고 성령으로 충만하게 해주세요. 또한 구하는 자에게 성령 충만을 주신다는 것을 믿고 감사드립니다.

감사(5분)
이 시간은 하나님이 기도 응답을 해주신 것에 대하여 감사기도 드리겠습니다.

나 _____를 위한 감사	친구 _____를 위한 감사

중보(10분)

이 시간은 다른 사람들(가족, 친구, 선생님, 교회, 학교, 나라)을 위해 기도하겠습니다.

1. 성구기도

성구기도는 성경 말씀으로 하는 기도입니다. 성경 말씀에 이름을 넣어 기도해 봅시다. 먼저 나의 이름을 넣어 선포한 다음, 친구의 이름을 넣어 선포하겠습니다.

"주는 기이한 일을 행하신 하나님이시라 _____에게 주의 능력을 알리시고"(시편 77:14)

2. 구체적인 기도

나 _____를 위한 구체적인 기도 제목	친구 _____를 위한 구체적인 기도 제목

3. 학교 선생님을 위한 성구기도

예수님을 믿지 않는 학교 선생님을 위한 기도

_____ 선생님의 눈을 열어 주셔서 어두움에서 빛으로, 사탄의 권세에서 하나님께로 돌아오게 하시고, 죄사함과 예수를 믿어 거룩하게 된 무리 가운데서 기업을 얻게 하옵소서. (사도행전 26:18)

예수님을 믿는 학교 선생님을 위한 기도

우리 주 예수 그리스도의 하나님, 영광의 아버지께서 지혜와 계시의 영을 _____ 선생님에게 주셔서 하나님을 더 깊이 알게 하시고 _____ 선생님의 마음의 눈을 밝히셔서 교사로 부르심의 소망이 무엇인지 알게 하여 주시옵소서. (에베소서 1:17-18)

가정을 위한 중보기도	학교를 위한 중보기도	교회(교회학교와 부서)와 나라를 위한 중보기도

마무리

오늘도 기적을 행하시는 하나님을 더 깊이 알아 갈 수 있도록
우리의 기도를 이끌어 주신 하나님께 감사와 찬양과 영광을 올려 드리며
예수님의 이름으로 기도드립니다. 아멘.

chapter 20
빛 되시는 하나님

찬양(8분)

이제 빛 되시는 하나님을 선포하고 찬양하겠습니다.

| 함께 해요 | 빛은 의로우신 하나님의 상징입니다. 하나님은 죄로 어두워진 세상에서 우리를 구하시려고 참 빛이신 예수 그리스도를 보내 주셨습니다. 빛 되시는 하나님에 관한 말씀을 읽어 봅시다.

- 시편 119:105 주의 말씀은 내 발에 등이요 내 길에 빛이니이다

- 요한복음 8:12 예수께서 또 말씀하여 이르시되 나는 세상의 빛이니 나를 따르는 자는 어둠에 다니지 아니하고 생명의 빛을 얻으리라

- 고린도후서 4:6 어두운 데에 빛이 비치라 말씀하셨던 그 하나님께서 예수 그리스도의 얼굴에 있는 하나님의 영광을 아는 빛을 우리 마음에 비추셨느니라

고백(2-3분)
내가 죄를 품고 있으면 하나님은 나의 기도를 듣지 않으세요. 이 시간은 조용히 나의 죄를 고백하는 기도를 하겠습니다.

만일 내가 죄를 고백하면 하나님께서는 신실하시고 의로우심으로 내 죄를 용서하시고 깨끗하게 하신다고 말씀하셨습니다. 이 말씀대로 나의 죄가 예수님의 보혈로 깨끗하게 씻겼음을 믿습니다. 성령님, 이제 나를 온전히 다스리시고 성령으로 충만하게 해주세요. 또한 구하는 자에게 성령 충만을 주신다는 것을 믿고 감사드립니다.

감사(5분)
이 시간은 하나님이 기도 응답을 해주신 것에 대하여 감사기도 드리겠습니다.

나 _____를 위한 감사	친구 _____를 위한 감사

중보(10분)

이 시간은 다른 사람들(가족, 친구, 선생님, 교회, 학교, 나라)을 위해 기도하겠습니다.

1. 성구기도

성구기도는 성경 말씀으로 하는 기도입니다. 성경 말씀에 이름을 넣어 기도해 봅시다. 먼저 나의 이름을 넣어 선포한 다음, 친구의 이름을 넣어 선포하겠습니다.

"어두운 데에 빛이 비치라 말씀하셨던 그 하나님께서 예수 그리스도의 얼굴에 있는 하나님의 영광을 아는 빛을 _____의 마음에 비추셨느니라"
(고린도후서 4:6)

2. 구체적인 기도

나 _____를 위한 구체적인 기도 제목	친구 _____를 위한 구체적인 기도 제목

3. 학교 선생님을 위한 성구기도

예수님을 믿지 않는 학교 선생님을 위한 기도

_____ 선생님의 눈을 열어 주셔서 어두움에서 빛으로, 사탄의 권세에서 하나님께로 돌아오게 하시고, 죄사함과 예수를 믿어 거룩하게 된 무리 가운데서 기업을 얻게 하옵소서. (사도행전 26:18)

예수님을 믿는 학교 선생님을 위한 기도

우리 주 예수 그리스도의 하나님, 영광의 아버지께서 지혜와 계시의 영을 _____ 선생님에게 주셔서 하나님을 더 깊이 알게 하시고 _____ 선생님의 마음의 눈을 밝히셔서 교사로 부르심의 소망이 무엇인지 알게 하여 주시옵소서. (에베소서 1:17-18)

가정을 위한 중보기도	학교를 위한 중보기도	교회(교회학교와 부서)와 나라를 위한 중보기도

마무리

오늘도 빛 되시는 하나님을 더 깊이 알아 갈 수 있도록
우리의 기도를 이끌어 주신 하나님께 감사와 찬양과 영광을 올려 드리며
예수님의 이름으로 기도드립니다. 아멘.

chapter 21
아버지 하나님

찬양(8분)
이제 아버지 하나님을 선포하고 찬양하겠습니다.

| 함께 해요 | 하나님은 '아빠 하나님'이십니다. 우리가 하나님의 아들 예수님을 믿고 영접하면 하나님의 자녀가 되는 권세를 주셨습니다. 자녀가 기도하면 아버지 하나님은 듣고 응답하십니다. 하나님의 자녀 된 특별한 권세를 가지고 기도합시다. 아버지 하나님에 관한 말씀을 읽어 봅시다.

- 마태복음 6:6 너는 기도할 때에 네 골방에 들어가 문을 닫고 은밀한 중에 계신 네 아버지께 기도하라 은밀한 중에 보시는 네 아버지께서 갚으시리라

- 마태복음 6:9 그러므로 너희는 이렇게 기도하라 하늘에 계신 우리 아버지여 이름이 거룩히 여김을 받으시오며

- 갈라디아서 4:6 너희가 아들이므로 하나님이 그 아들의 영을 우리 마음 가운데 보내사 아빠 아버지라 부르게 하셨느니라

고백(2-3분)
내가 죄를 품고 있으면 하나님은 나의 기도를 듣지 않으세요. 이 시간은 조용히 나의 죄를 고백하는 기도를 하겠습니다.

만일 내가 죄를 고백하면 하나님께서는 신실하시고 의로우심으로 내 죄를 용서하시고 깨끗하게 하신다고 말씀하셨습니다. 이 말씀대로 나의 죄가 예수님의 보혈로 깨끗하게 씻겼음을 믿습니다. 성령님, 이제 나를 온전히 다스리시고 성령으로 충만하게 해주세요. 또한 구하는 자에게 성령 충만을 주신다는 것을 믿고 감사드립니다.

감사(5분)
이 시간은 하나님이 기도 응답을 해주신 것에 대하여 감사기도 드리겠습니다.

나 _____를 위한 감사	친구 _____를 위한 감사

중보(10분)
이 시간은 다른 사람들(가족, 친구, 선생님, 교회, 학교, 나라)을 위해 기도하겠습니다.

1. 성구기도

　성구기도는 성경 말씀으로 하는 기도입니다. 성경 말씀에 이름을 넣어 기도해 봅시다. 먼저 나의 이름을 넣어 선포한 다음, 친구의 이름을 넣어 선포하겠습니다.

　"_____은(는) 기도할 때에 네 골방에 들어가 문을 닫고 은밀한 중에 계신 _____의 아버지께 기도하라 은밀한 중에 보시는 네 아버지께서 갚으시리라"(마태복음 6:6)

2. 구체적인 기도

나 _____를 위한 구체적인 기도 제목	친구 _____를 위한 구체적인 기도 제목

3. 학교 선생님을 위한 성구기도

예수님을 믿지 않는 학교 선생님을 위한 기도

_____ 선생님의 눈을 열어 주셔서 어두움에서 빛으로, 사탄의 권세에서 하나님께로 돌아오게 하시고, 죄사함과 예수를 믿어 거룩하게 된 무리 가운데서 기업을 얻게 하옵소서. (사도행전 26:18)

예수님을 믿는 학교 선생님을 위한 기도

우리 주 예수 그리스도의 하나님, 영광의 아버지께서 지혜와 계시의 영을 _____ 선생님에게 주셔서 하나님을 더 깊이 알게 하시고 _____ 선생님의 마음의 눈을 밝히셔서 교사로 부르심의 소망이 무엇인지 알게 하여 주시옵소서. (에베소서 1:17-18)

가정을 위한 중보기도	학교를 위한 중보기도	교회(교회학교와 부서)와 나라를 위한 중보기도

마무리

오늘도 아버지 하나님을 더 깊이 알아 갈 수 있도록
우리의 기도를 이끌어 주신 하나님께 감사와 찬양과 영광을 올려 드리며
예수님의 이름으로 기도드립니다. 아멘.

chapter 22
친구 되시는 하나님

찬양(8분)
이제 친구 되시는 하나님을 선포하고 찬양하겠습니다.

| 함께 해요 | 예수님은 언제나 변함없는 다정한 모습으로 우리에게 친구라고 말씀해 주십니다. 우리를 위하여 목숨까지 버리신 예수님께서 우리와 친밀하게 교제하기를 원하십니다. 친구 되시는 하나님에 관한 말씀을 읽어 봅시다.

- 요한복음 15:13-15 사람이 친구를 위하여 자기 목숨을 버리면 이보다 더 큰 사랑이 없나니 너희는 내가 명하는 대로 행하면 곧 나의 친구라 이제부터는 너희를 종이라 하지 아니하리니 종은 주인이 하는 것을 알지 못함이라 너희를 친구라 하였노니 내가 내 아버지께 들은 것을 다 너희에게 알게 하였음이라

- 야고보서 2:23 이에 성경에 이른 바 아브라함이 하나님을 믿으니 이것을 의로 여기셨다는 말씀이 이루어졌고 그는 하나님의 벗이라 칭함을 받았나니

고백(2-3분)
내가 죄를 품고 있으면 하나님은 나의 기도를 듣지 않으세요. 이 시간은 조용히 나의 죄를 고백하는 기도를 하겠습니다.

만일 내가 죄를 고백하면 하나님께서는 신실하시고 의로우심으로 내 죄를 용서하시고 깨끗하게 하신다고 말씀하셨습니다. 이 말씀대로 나의 죄가 예수님의 보혈로 깨끗하게 씻겼음을 믿습니다. 성령님, 이제 나를 온전히 다스리시고 성령으로 충만하게 해주세요. 또한 구하는 자에게 성령 충만을 주신다는 것을 믿고 감사드립니다.

감사(5분)
이 시간은 하나님이 기도 응답을 해주신 것에 대하여 감사기도 드리겠습니다.

나 _____를 위한 감사	친구 _____를 위한 감사

중보(10분)

이 시간은 다른 사람들(가족, 친구, 선생님, 교회, 학교, 나라)을 위해 기도하겠습니다.

1. 성구기도

성구기도는 성경 말씀으로 하는 기도입니다. 성경 말씀에 이름을 넣어 기도해 봅시다. 먼저 나의 이름을 넣어 선포한 다음, 친구의 이름을 넣어 선포하겠습니다.

"사람이 친구를 위하여 자기 목숨을 버리면 이보다 더 큰 사랑이 없나니 _____은(는) 내가 명하는 대로 행하면 곧 나의 친구라"(요한복음 15:13-14)

2. 구체적인 기도

나 _____를 위한 구체적인 기도 제목	친구 _____를 위한 구체적인 기도 제목

3. 학교 선생님을 위한 성구기도

예수님을 믿지 않는 학교 선생님을 위한 기도

_____ 선생님의 눈을 열어 주셔서 어두움에서 빛으로, 사탄의 권세에서 하나님께로 돌아오게 하시고, 죄사함과 예수를 믿어 거룩하게 된 무리 가운데서 기업을 얻게 하옵소서. (사도행전 26:18)

예수님을 믿는 학교 선생님을 위한 기도

우리 주 예수 그리스도의 하나님, 영광의 아버지께서 지혜와 계시의 영을 _____ 선생님에게 주셔서 하나님을 더 깊이 알게 하시고 _____ 선생님의 마음의 눈을 밝히셔서 교사로 부르심의 소망이 무엇인지 알게 하여 주시옵소서. (에베소서 1:17-18)

가정을 위한 중보기도	학교를 위한 중보기도	교회(교회학교와 부서)와 나라를 위한 중보기도

마무리

오늘도 친구 되시는 하나님을 더 깊이 알아 갈 수 있도록
우리의 기도를 이끌어 주신 하나님께 감사와 찬양과 영광을 올려 드리며
예수님의 이름으로 기도드립니다. 아멘.

chapter 23
지도하시는 하나님

 **찬양**(8분)
이제 지도하시는 하나님을 선포하고 찬양하겠습니다.

| 함께 해요 | 어린아이가 책임감 있고 성숙한 성인으로 성장하기 위해서는 어른에게 훈련과 지침을 받아야 합니다. 좋은 소식은 하나님께서 우리에게 '이 세상에서 어떻게 경건한 삶을 살아야 하는지'에 관한 지침을 주셨다는 것입니다. 성경이 바로 우리 삶의 지침서입니다. 지도하시는 하나님에 관한 말씀을 읽어 봅시다.

- 시편 25:8-9 여호와는 선하시고 정직하시니 그러므로 그의 도로 죄인들을 교훈하시리로다 온유한 자를 정의로 지도하심이여 온유한 자에게 그의 도를 가르치시리로다

- 시편 32:8 내가 네 갈 길을 가르쳐 보이고 너를 주목하여 훈계하리로다

- 이사야 48:17 너희의 구속자시요 이스라엘의 거룩하신 이이신 여호와께서 이르시되 나는 네게 유익하도록 가르치고 너를 마땅히 행할 길로 인도하는 네 하나님 여호와라

고백(2-3분)
내가 죄를 품고 있으면 하나님은 나의 기도를 듣지 않으세요. 이 시간은 조용히 나의 죄를 고백하는 기도를 하겠습니다.

만일 내가 죄를 고백하면 하나님께서는 신실하시고 의로우심으로 내 죄를 용서하시고 깨끗하게 하신다고 말씀하셨습니다. 이 말씀대로 나의 죄가 예수님의 보혈로 깨끗하게 씻겼음을 믿습니다. 성령님, 이제 나를 온전히 다스리시고 성령으로 충만하게 해주세요. 또한 구하는 자에게 성령 충만을 주신다는 것을 믿고 감사드립니다.

감사(5분)
이 시간은 하나님이 기도 응답을 해주신 것에 대하여 감사기도 드리겠습니다.

나 _____를 위한 감사	친구 _____를 위한 감사

중보(10분)
이 시간은 다른 사람들(가족, 친구, 선생님, 교회, 학교, 나라)을 위해 기도하겠습니다.

1. 성구기도

성구기도는 성경 말씀으로 하는 기도입니다. 성경 말씀에 이름을 넣어 기도해 봅시다. 먼저 나의 이름을 넣어 선포한 다음, 친구의 이름을 넣어 선포하겠습니다.

"내가 _____의 갈 길을 가르쳐 보이고 _____을(를) 주목하여 훈계하리로다"(시편 32:8)

2. 구체적인 기도

나 _____를 위한 구체적인 기도 제목	친구 _____를 위한 구체적인 기도 제목

3. 학교 선생님을 위한 성구기도

예수님을 믿지 않는 학교 선생님을 위한 기도

＿＿＿＿＿＿ 선생님의 눈을 열어 주셔서 어두움에서 빛으로, 사탄의 권세에서 하나님께로 돌아오게 하시고, 죄사함과 예수를 믿어 거룩하게 된 무리 가운데서 기업을 얻게 하옵소서. (사도행전 26:18)

예수님을 믿는 학교 선생님을 위한 기도

우리 주 예수 그리스도의 하나님, 영광의 아버지께서 지혜와 계시의 영을 ＿＿＿＿＿＿ 선생님에게 주셔서 하나님을 더 깊이 알게 하시고 ＿＿＿＿＿＿ 선생님의 마음의 눈을 밝히셔서 교사로 부르심의 소망이 무엇인지 알게 하여 주시옵소서. (에베소서 1:17-18)

가정을 위한 중보기도	학교를 위한 중보기도	교회(교회학교와 부서)와 나라를 위한 중보기도

마무리

오늘도 지도하시는 하나님을 더 깊이 알아 갈 수 있도록
우리의 기도를 이끌어 주신 하나님께 감사와 찬양과 영광을 올려 드리며
예수님의 이름으로 기도드립니다. 아멘.

chapter 24
들으시는 하나님

 **찬양**(8분)
이제 들으시는 하나님을 선포하고 찬양하겠습니다.

| 함께 해요 | 하나님의 귀는 항상 열려 있어서 언제 어디서나 우리와 의사소통을 하십니다. 우리 안에 죄를 품고 있으면 하나님은 우리의 소리를 듣지 않으시지만, 우리가 죄를 자백하면 대화의 끈이 다시 연결됩니다. 들으시는 하나님에 관한 말씀을 읽어 봅시다.

- 시편 34:15 여호와의 눈은 의인을 향하시고 그의 귀는 그들의 부르짖음에 기울이시는도다

- 다니엘 9:18 나의 하나님이여 귀를 기울여 들으시며 눈을 떠서 우리의 황폐한 상황과 주의 이름으로 일컫는 성을 보옵소서 우리가 주 앞에 간구하옵는 것은 우리의 공의를 의지하여 하는 것이 아니요 주의 큰 긍휼을 의지하여 함이니이다

- 요한복음 9:31 하나님이 죄인의 말을 듣지 아니하시고 경건하여 그의 뜻대로 행하는 자의 말은 들으시는 줄을 우리가 아나이다

고백(2-3분)
내가 죄를 품고 있으면 하나님은 나의 기도를 듣지 않으세요. 이 시간은 조용히 나의 죄를 고백하는 기도를 하겠습니다.

만일 내가 죄를 고백하면 하나님께서는 신실하시고 의로우심으로 내 죄를 용서하시고 깨끗하게 하신다고 말씀하셨습니다. 이 말씀대로 나의 죄가 예수님의 보혈로 깨끗하게 씻겼음을 믿습니다. 성령님, 이제 나를 온전히 다스리시고 성령으로 충만하게 해주세요. 또한 구하는 자에게 성령 충만을 주신다는 것을 믿고 감사드립니다.

감사(5분)
이 시간은 하나님이 기도 응답을 해주신 것에 대하여 감사기도 드리겠습니다.

나 _____를 위한 감사	친구 _____를 위한 감사

중보(10분)
이 시간은 다른 사람들(가족, 친구, 선생님, 교회, 학교, 나라)을 위해 기도하겠습니다.

1. 성구기도

   성구기도는 성경 말씀으로 하는 기도입니다. 성경 말씀에 이름을 넣어 기도해 봅시다. 먼저 나의 이름을 넣어 선포한 다음, 친구의 이름을 넣어 선포하겠습니다.

   "하나님이 죄인의 말을 듣지 아니하시고 경건하여 그의 뜻대로 행하는 자의 말은 들으시는 줄을 _____이(가) 아나이다"(요한복음 9:31)

2. 구체적인 기도

나 _____를 위한 구체적인 기도 제목	친구 _____를 위한 구체적인 기도 제목

3. 학교 선생님을 위한 성구기도

예수님을 믿지 않는 학교 선생님을 위한 기도

_____ 선생님의 눈을 열어 주셔서 어두움에서 빛으로, 사탄의 권세에서 하나님께로 돌아오게 하시고, 죄사함과 예수를 믿어 거룩하게 된 무리 가운데서 기업을 얻게 하옵소서. (사도행전 26:18)

예수님을 믿는 학교 선생님을 위한 기도

우리 주 예수 그리스도의 하나님, 영광의 아버지께서 지혜와 계시의 영을 _____ 선생님에게 주셔서 하나님을 더 깊이 알게 하시고 _____ 선생님의 마음의 눈을 밝히셔서 교사로 부르심의 소망이 무엇인지 알게 하여 주시옵소서. (에베소서 1:17-18)

가정을 위한 중보기도	학교를 위한 중보기도	교회(교회학교와 부서)와 나라를 위한 중보기도

마무리

오늘도 들으시는 하나님을 더 깊이 알아 갈 수 있도록
우리의 기도를 이끌어 주신 하나님께 감사와 찬양과 영광을 올려 드리며
예수님의 이름으로 기도드립니다. 아멘.

복음전도문

순서	팔찌 색깔	어린이 전도 훈련 – 복음 제시
1	도입	_____야! 아무리 바빠도 지금 나에게 5분만 시간을 내어줘 부탁이야. (그게 뭔데?) 내 이야기를 듣고 나면 복음 팔찌를 선물로 줄게.
2	황금색	이 팔찌는 무슨 색이니? 맞아. 노란색이라고도 하고 또는 황금색이라고도 해. 황금색은 바로 천국을 나타내는 색이야. 천국은 하나님이 계시는 곳으로, 너무나 아름답고 좋은 곳이란다. 천국에는 황금성과 황금길 그리고 생명나무와 생명수 강이 있어 그리고 눈물, 아픔, 슬픔, 질병, 죽음이 없는 곳이며, 무엇보다도 죄가 없는 곳이야. 하나님은 우리를 사랑하시고, 우리를 위한 특별한 계획을 가지고 계시는데 그것은 바로 아름답고 행복한 천국에서 영원히 하나님과 함께 사는 거란다. 하지만 우리는 천국에 들어갈 수가 없단다. 왜냐하면 바로 이것 때문이지.
3	검정색	이 팔찌는 무슨 색이니? 맞아. 검정색이야. 검정색은 우리의 죄를 나타내고 있어. 우리는 태어날 때부터 죄인이야. 그래서 부모님, 선생님이 가르쳐 주지 않았는데도 시기하고, 질투하고, 따돌림하고, 미워하고, 싸우고, 거짓말하고, 욕하고, 짜증내고, 화내며 나쁜 죄를 짓는 거야 그런데 친구야, 우리는 죄 때문에 천국에 들어갈 수가 없단다. 더 무서운 것은 죄에 대한 벌이 있는데, 그것은 꺼지지 않는 지옥불에서 영원히 고통을 당하는 거야. 그러면 우리가 지은 죄를 어떻게 해결할 수 있을까? 죄인인 우리는 절대로 죄를 해결할 수 없어.
4	빨강색	이 팔찌는 무슨 색이니? 맞아. 빨강색이야. 빨강색은 예수님이 흘리신 피를 나타내는 색이야. 예수님이 우리의 죄를 용서하시기 위해 십자가에서 죽으신 것을 말하는 거야. 우리의 힘과 노력으로는 절대로 죄를 해결할 수가 없어. 아무리 공부를 많이 하고, 돈을 많이 벌고, 착한 일을 해도 죄를 해결할 수는 없단다. 오직 하나님만이 해결하실 수 있어. 하나님은 우리를 너무나 사랑하시지만 우리 죄는 반드시 벌하셔야 해. 왜냐하면 하나님은 공의의 하나님이시기 때문이야. 그래서 우리가 지은 죄의 벌을 예수님이 십자가에서 죽으심으로 대신 다 받으셨어. 친구야, 죄를 용서받고 천국에 들어가고 싶지 않니?

5	흰색	이 팔찌는 무슨 색이니? 맞아. 흰색이야. 흰색은 죄를 용서받아 깨끗하게 되는 것을 나타내는 색이야. 예수님을 마음으로 믿으면, 죄를 용서받고 하나님의 자녀가 되어 천국에도 들어갈 수 있어. _____야, 지금 예수님을 믿고 죄를 용서받고 싶다면 나를 따라서 기도해봐. ♥영접기도문♥ 하나님 아버지 나를 위해 예수님을 보내 주셔서 감사합니다. 예수님이 십자가에 죽으심으로 나의 죄를 깨끗하게 하심을 감사합니다. 지금 내 마음에 들어오셔서 예수님의 피로 나의 죄를 용서해 주시고 영원토록 나와 함께해 주세요. 예수님의 이름으로 기도드립니다. 아멘.
6	초록색	이 팔찌는 무슨 색이니? 맞아. 초록색이야. 초록색은 나무가 자라듯이 성장하는 것을 나타내는 색이야. 하나님의 자녀가 된다는 것은 오직 하나님만을 섬기는 것이야. 그리고 하나님의 자녀들은 날마다 하나님을 믿는 믿음이 자라 가야 해. 친구야, 어떻게 하면 우리의 믿음이 자랄 수 있을까? 가장 먼저, 하나님을 섬기는 교회에 나와야 해. 주일(일요일)날 교회에 나와서 우리를 죄에서 구원해 주시고, 하나님의 자녀삼아 주신 것을 감사하며 예배를 드려야 해.
7	마무리	_____야! 하나님의 자녀가 된 것을 진심으로 축하해. 오는 주일(일요일)에 나와 함께 _____교회 주일학교에 같이 가자! ♣ 복음 제시 후 바로 친구와 약속 정하기 → 토요일에 전화해서 만날 시간과 장소를 확인하기 → 주일날 교회에 같이 오기

Children
In Prayer